トヨタで学んだ自分を変える＼すごい／時短術

原マサヒコ

かんき出版

はじめに

ああ、忙しい。なんでこんなに忙しいんだろう。
仕事が全然終わらないし、やりたいこともできない……。
もっと楽しんで仕事をしたいし、自分の時間も増やしたい。

本書は、こんな悩みを抱える人に、仕事に関する「時短」を実現していただくことで、ご自身を忙しい毎日から解放し、充実した人生を送っていただくための本です。

多くのビジネスパーソンが口にする「忙しい」という言葉。「心を亡くす」と書く、とてもネガティブな言葉。私はこの言葉がとても嫌いです。

多くの人がこの言葉を使うのは、じつは「ラクだから」なのではないかと私は思っています。「忙しい、忙しい」といいながら、目の前の仕事をただただこなしていれば、自分の頭で何も考えずにすむわけですから。

逆にいえば、ほんの少し考え方を変えるだけで、あなたの仕事は劇的に速くなり、自由に使える膨大な時間を作り出すことができるということ。

本書でお伝えする時短術は、仕事にかかる時間を短縮し、あなたの人生をよりよくするための時間を作り出すと同時に、仕事の成果を挙げるためのものです。

一見すると、この2つは相反することに思えるかもしれません。しかし、この2つには密接な関係があります。

本編で詳しく解説しますが、多くのビジネスパーソンが日々向き合っている仕事のなかには、じつはやらなくてもいい仕事、やり方を少し変えるだけで大幅に効率化できる仕事がたくさんあります。

そういったムダな仕事や動きを見つけ出し、より効率的なやり方に変えていくことができれば、最小の時間で最大の成果を挙げることができます。これが実現できれば、仕事がより楽しくなると同時に、自分の時間を増やすことができるのです。

なぜ、私がこのようなことをあなたにお伝えできるのか。それは、私のこれまでの経験にあります。少し私のことをお話しさせてください。

私は現在、会社を経営するかたわら、こうして執筆をしたり、全国を飛び回って講演活動をしたりと、楽しく仕事をさせていただいています。

とはいえ、そのぶん家庭を犠牲にしているかというとそうではありません。毎日のように4歳の娘を公園に連れていき、毎月のように家族で旅行をし、娘の幼稚園のイベントにも欠かさず参加しています。

では働く時間を短くして収入を落としているのか、というとそうでもありません。私は以前、サラリーマンをしていたのですが、そのときと比べ少なくとも収入は3倍以上に増えています。

とても充実した人生を送っているところですが、なぜそうなっているのかというと、まさに本書のテーマである**「時短」**に秘密があります。**「時短」を意識しながら仕事に臨んでいるからこそ、このような生活を送ることができているのです。**

じつは、私に「時短」の考え方のベースを叩き込んでくれたのは、最初に入社した「トヨタ」の販売店である神奈川トヨタ自動車でした。そして、今でもそのときの考え方を元にしながら仕事をし続けているというわけなのです。

トヨタで学んださまざまな考え方やノウハウが、私の人生を変えてくれたのです。

ご存じの方も多いと思いますが、トヨタには昔から、作業のムダを極限まで削り、生産性を高めていくという文化があります。本編で詳しく解説しますが、勤務中の歩く速さ1つにも意識を向けるくらいムダを嫌うのです。これを突き詰めて考えると、時間のムダをなくすこと、つまり「時短」につながる、と私は考えています。

本書では、その考え方やノウハウを、順を追って解説していきたいと思います。

とはいえ、「トヨタのやり方って、製造現場でしか通用しないんじゃない？　ホワイトカラーの私にはマネできないよ……」と思った人も多いのではないでしょうか。

もちろん、本書ではトヨタのやり方をただ紹介するわけではありません。製造現場のノウハウをそのままお伝えしても、ご自身のお仕事に応用していただくことが難しいからです。

私は、トヨタの販売店を退職したあと、ＩＴ企業に転職。いわゆるホワイトカラーの職場を経験したのち、自分で会社を立ち上げました。

また、さまざまな企業に講演を提供していることもあり、数多くの残業に悩むビジネスパーソンと接し、その方々にトヨタの時短術をお伝えしてきました。

本書では、その経験を活かし、どんな仕事をしている人にもトヨタのノウハウを取り入れていただけるよう、アレンジしてお伝えしていきます。

「忙しい、忙しい」とボヤいていても何もはじまりません。少し厳しいいい方になりますが、時間は自分で作り出すものであり、「時間がない」というのは「自己管理を怠っている」ということの裏返しでもあるのです。

ぜひ、自分自身で時間を作り出し、好きなことに使っていきましょう。

人生は時間の使い方１つで劇的に変わります。

さあ、ページをめくって人生を変える扉を開けましょう。

２０１６年８月

原　マサヒコ

トヨタで学んだ自分を変えるすごい時短術　もくじ

はじめに 3

第1章 あなたの仕事を劇的に速くする トヨタの5つの言葉

01 トヨタの時短ワード① 「目的は何か？ と考えろ」 14
02 時短を実現するために必要な3つの「意識」 19
03 トヨタの時短ワード② 「頑張ることは汗を多くかくことではない」 23
04 トヨタの時短ワード③ 「自分がやっていることは正しいという気持ちを捨てろ」 28
05 必要性の低い仕事は抱え込まずに、思いきってやめてみる 34
06 トヨタの時短ワード④ 「もっとラクになる方法はないのだろうか？」 38
07 トヨタの時短ワード⑤ 「時間は動作の影である」 43
08 目に見えないムダな動きにも気を配れ 46

第2章

時短を加速する「カイゼンマインド」とは？

01 誰でもできる「作業」はすべて自動で回すことを目指せ 52
02 1秒をバカにせず、まずは小さなことから自働化する 56
03 「自分の仕事じゃありません」をやめると、あなたの仕事は劇的に速くなる 61
04 言い訳を考える時間があるなら、「どうしたらできるか」を考えろ 67
05 「どうしたらできるのか？」であなたの人生は変わる 71
06 「なぜ成功したのか？」を考える 77
07 成功分析の秘訣は、まず「分解」から 81
08 「ベンチマーキング」でより速く成功に近づく 84

第3章 誰でもマネできるトヨタの現場の時短術

01 トヨタで学んだ「書類を捨てる技術」 92
02 必要なモノはとにかく「わかりやすく」収納する 98
03 「見える化」で仕事全体のスピードを底上げする 105
04 短時間で成果を最大化するTODOリストの作り方 112
05 極限までムダを省くには、空き時間をすべて「できること」で埋めろ 119
06 スキマ時間の使い方にもルールがある 121
07 仕事に「完璧主義」は必要ない 126
08 正確さよりも実行力とスピードを重視せよ 130
09 仕事と気持ちの「ムラ」をなくす時間の使い方 134
10 あなたの仕事力を鍛える「25%ルール」とは? 139
11 打ち合わせは立ったまましろ 143

12 会議では代案がないなら反対するな 146
13 「考える時間」を劇的に短縮する「三現主義」とは？ 150

第4章 圧倒的な時短を実現するトヨタの問題解決

01 考え方1つで問題解決のスピードは大きく変わる 158
02 問題は、「解決する」と決めた人だけが解決できる 161
03 問題は小さいうちに対処せよ 167
04 「その場しのぎ」では問題は解決しない。根本原因を追及せよ 173
05 「なぜを5回」で問題の根本原因に迫れ 176
06 4つのスタンスで問題に向き合うと、短時間で解決できる 184

第5章 短時間でチーム全体の生産性を上げるトヨタの仕組みとは？

01 ミスやり直しのムダが激減する「自工程完結」とは？ 190
02 上司と部下、メンバー間のギャップを埋め、チームで時短を実現する 195
03 チームの力を最大化する「標準化」の徹底に取り組もう 198
04 チームの生産性を最大化する「使える」マニュアルの作り方 201
05 「横展」で勝ちパターンを共有し、チーム全員で成長する 205
06 「横展」をあなたの職場に取り入れるためには？ 208
07 「自分の分身」をどれだけ育てられるかも評価の1つだ 211
08 仕事の質とスピードが上がる「トヨタ流」人間関係の作り方 215

おわりに 220
参考文献 223

ブックデザイン　坂川朱音・西垂水敦（krran）
DTP　野中賢（株式会社システムタンク）

第1章

あなたの仕事を劇的に速くするトヨタの5つの言葉

01

トヨタの時短ワード①

「目的は何か？　と考えろ」

「はじめに」でもお伝えしたとおり、本書は、私がトヨタで学んだ効率化に関するさまざまな考え方を紹介することで、仕事における「時短」を実現し、あなたの人生をより充実させていただくための本です。

第1章では、その根幹となる考え方をトヨタでよく使われる5つのキーワード（本章では「時短ワード」と呼びます）をとおして紹介していきます。

1つめの「時短ワード」は**「目的は何か？　と考えろ」という言葉です。**

トヨタの現場では、よくこの言葉が出てきます。仕事をしていて壁にぶつかると、「これをやる目的はなんだっけ？」「この作業、なんのためにやっているんだっけ？」と、先輩に問われることがよくあります。忙しくなってきたり、問題にぶつかると、目先の細かなことばかりに意識がいき、本来の目的を見失いがちになってしまうからです。

また、トヨタでは、誰かに仕事を振る際にもこの考え方が出てきます。

たとえば、部下に資料作成を指示する際、「これ作っておいて」と、あまり多くを伝えずに依頼する上司は少なくありません。しかし、これでは「こんなはずじゃなかった！」という行き違いが起こる可能性があります。

トヨタでは「そもそもなんのためにこの資料を作る必要があるのか」「作ってもらった資料をどう活用してどんな未来につながるのか」といった話をしながら指示することがほとんどです。

仕事の目的を明確にすることで、行き違いをなくし、質の高いアウトプットをすることができるというわけです。

これは、あなたが時短に取り組む際も同じです。目的を明確にすることで、遠回りすることなく、最短で自分の仕事を効率化し、成果を挙げながら、充実した人生を手にすることができるようになるのです。

では、あなたが「時短をする目的」について考えてみましょう。

時間短縮を図るというのは、そもそも〝時間に限りがあるから〟ですよね。一人ひとりの人生で使える時間は、そう多くありません。どの程度残されているのかはお医者さんにもわからないわけですが、この本を読んでいる間にも、あなたに残されている時間は、刻一刻と減り続けていることはたしかなわけです。だとすると、人生において「充実した時間を送りたい」と考えるのが自然ではないでしょうか。誰しもムダなことを繰り返しながら人生を終えたくはないはずです。

もちろん、「充実した時間」の定義は一人ひとり違います。なかには「仕事が忙しい＝充実した時間」と考えている人もいると思います。しかし、現実はどうでしょうか。周囲を見渡すといつも「忙しい、忙しい」と口にしながら顔をしかめてばかりいる人や、嫌々ながら夜遅くまで働いている人が多いように思います。

忙しいからといって必ずしも「人生が充実している」というわけではなさそうです。

このような話をするとき、私はいつも、以前勤めていた会社の上司のことを思い出します。その上司は、朝早くから夜遅くまで常にバリバリ働いていましたが、定年を間近に控えた飲み会の席で「もっと娘と過ごす時間を作ればよかった」と後悔していたのを鮮烈に覚えています。
娘さんはもう成人してその上司の元を離れていってしまったそうなのですが、まだ幼かったころに一緒に写っている写真が少なかったり、遊びにいったりした思い出がたいして残っていないことを悔やんでいたのです。

「忙しい、忙しい」と感じている人は、人生や仕事で何を成し遂げようとして日々忙しくしているのでしょうか。そもそも、「仕事」という要素は長い人生の一部にすぎません。親やパートナー、子供、兄弟、友人など、大切な人たちとの時間を犠牲にしてまで、すべてを仕事に捧げることが本当に大事なことなのでしょうか?
当然、時短の目的は人それぞれ違います。大切な人たちとの時間を増やすという目的以外にも、趣味でもライフワークでも、とにかく自分にとって大切なことに、より多くの時間を振り分けるよう意識してください。

もちろん、なかには仕事で何かを成し遂げたいという人もいらっしゃることでしょう。私は、仕事を二の次にしろ、おろそかにしろといっているわけではありません。ただ、日々自分を忙しくさせている原因は、本当にあなたが成し遂げたいことに直結しているでしょうか？　と改めて問いたいのです。

この本を読み進める前に、**今一度「なんのために時短をしたいのか」「時短をする目的はなんなのか」を見つめ直していただきたいと思います。**

そうすることで、あなたの人生の「質」は飛躍的に高まっていきますし、「じゃあ、自分はそのために何をすべきか」という使命がくっきりと輪郭をおびてくるはずです。

02

時短を実現するために必要な3つの「意識」

前節で、時短を実現するためのそもそもの目的は、「時間には限りがあるから」だとお伝えしました。

スティーブン・R・コヴィーの名著『7つの習慣』（キングベアー出版）のなかに、「終わりを意識する」という習慣が出てきます。**「自分に残された時間をしっかりと意識して目の前のことに取り組もう」**ということですね。時短に対する目的を考える際にも、この意識を持つことが必要です。

しかし、「意識して目の前のことに取り組む」といっても、漠然としていてよくわかりませんよね。私は、それを具体化するためには、次の3つの「意識」が重要になると考えています。

❶「成し遂げようとしていること」への意識

会社にお勤めの方であれば、その会社で成し遂げようとしていることはなんでしょうか。

また、仕事も含めご自身の人生で成し遂げようとしていることはなんでしょうか。それを明確に意識する必要があります。そこから逆算して、自分にとって本当に価値のある行動とは何か、と意識するのです。

たんに「時短だから」といっても、目先の時間をなんでもかんでも縮めればいいというわけではありません。**自分が仕事や人生で達成しようとしていることを中心に据えて、それ以外の部分から時間短縮を進めていくべきだということです。**

❷「会社が求めている価値」への意識

1つめで「会社で成し遂げようとしていることを意識する」と書きましたが、そもそもこれが「会社が求めていること」とズレていてはいけません。

会社組織に属している場合、求められていることをしっかり意識しなければビジネスパーソン失格といえます。ですから、自分が求める価値だけでなく会社に求められている価値をしっかり意識してみましょう。

その価値を満たすために、自分自身がどのように時間を使っていけばいいのかを考える必要があるのです。

❸「目の前の仕事」への意識

1つめと2つめを踏まえたうえで、ようやく目の前に意識を向けます。冒頭でも書きましたが、目の前の仕事の目的はなんなのか意識しましょう。

その書類はなんのためにあるのか。この会議はなんのためにあるのか。その本質を見失わないことです。

トヨタの上司は、きちんと説明してくれることが多いのですが、必ずしもそんな上司ばかりではありません。であれば、**自分自身でそれを問い続けながら、仕事を進めていくべきです。**

本質を外さないよう、改善できるところは改善し、時短を試みていきましょう。そうすることで、余剰の時間が創出されていくのです。

詳しいことは、このあとお伝えしていきますが、この3段階の「意識」で人生や仕事について考えていくと、自分が本当にやるべきことが見えてきます。**逆にいえば、「やるべきではないこと」「やらなくてもいいこと」が明確になるということです。**

先ほど、「時短だから」といって、目先の時間をなんでもかんでも縮めればいいというわけではない、と述べましたが、こうやって考えることでその判断ができるようになっていくのです。

03

トヨタの時短ワード❷

「頑張ることは汗を多くかくことではない」

私たちはよく、「頑張って！」「頑張ろう！」などという言葉を使います。部活や受験、就職活動など、何かに挑戦するときに、周囲から「頑張って」と声をかけられた経験は誰しもあるでしょう。

もちろん、仕事の現場でも「頑張る」という言葉は頻繁に使われます。あなたもとくに考えることなく、上司に対して「頑張ります！」といったり、部下に対して「頑張ってるな！」などと声をかけたりしているのではないでしょうか。

では、仕事において「頑張る」というのは、具体的にどういうことなのでしょうか。「今日も仕事を頑張るぞ！」という場合、何をどうしたら「頑張った」といえるのでしょうか。

「なんで、そんなことを考える必要があるの？」と疑問に思った人もいらっしゃるかもしれませんが、**じつはこの言葉に、あなたが長時間労働から抜け出せない理由が隠されているのです。**少し考えてみましょう。

「あぁ、忙しい！」

あなたの隣の席の山田さんは、営業職として汗を拭き拭きしながら、毎日忙しそうに、夜遅くまで社内を走り回っています。しかし、何も成果を出していません。売らなければいけないものをまったく売っていないのです。もちろん、山田さんは手抜きをしているわけではありません。懸命に目の前の作業を終わらせるために、常に身体を動かしていることには間違いないのです。

さて、この山田さんは「頑張っている」といえるでしょうか。「一生懸命頑張っているから、いつか結果はついてくる」と評価し、暖かく見守ってあげるべきなのでしょうか。あなたはどう思いますか？

冷酷かもしれませんが、トヨタの現場を基準に考えると、山田さんは頑張っているとはいえません。ただ汗水を流し、ただ走り回っているという事実があるだけです。

私自身、新人のころは山田さんと同じようにしていましたが、「頑張っているな！」などと褒められたことは一度たりともありませんでした。

なぜなら、**トヨタの現場では「汗をかかないこと」が求められていたからです。**

「頑張ることは汗を多くかくことではない」。この言葉こそ、「時短」を実現し、あなたの人生をより充実させていただくための、2つめの「時短ワード」です。

会社には仕事をしにきているわけですから、「成果」を出さなければいけません。

トヨタの評価の軸は、汗の量でも、歩いた歩数でもないのです。

日本企業に多い考え方の1つに、「作業時間＝仕事」というものがあります。

「毎日遅くまで頑張っているな！」「土日も出社してえらいね」……、こういった声かけに違和感を覚えない人は、考え方を改めてください。

日々の仕事のなかで「私は頑張っています」「人よりも多く働いています」などとアピールしている人も多いと思います。しかし、それはあくまで自己評価にすぎませんし、そんなアピールに力を入れても仕方ありません。

前述のとおり、仕事では成果を出さなければいけませんから、「成果につながる動き」こそが評価されるべきなのです。そして、**その「成果につながる動き」にどれだけ時間を使っているかどうかが大事なのです。極端なことをいえば、「成果につながらない動き」はすべてやめてしまうべきなのです。**

本当に仕事ができる人は、ムダな汗をかきませんし、「いい汗かいたな」などと自分の汗に酔ったりもしません。

しかし、多くの人はやみくもに仕事を進めていくことでただただ忙しくなり、「いやあ、今日も頑張った」などと偽りの充実感を味わっているだけではないでしょうか。

会社は売り上げを上げ続けなければ存続できないのです。そう考えると、**着目しなければならないのは汗や作業の「量」ではなく、仕事の「質」でしょう。**

先ほど例に挙げた山田さんは「間違った努力」で汗を流していないでしょうか？そうだとしたら、その汗水はまさに水泡に帰すのです。

経営者は具体的な結果や成果を欲しています。仕事は部活や受験ではないのですから、結果が出せなかったときに「残念だったね。でもよく頑張ったから仕方ないよ」などと笑顔で終われる話ではありません。

あなたが会社に所属しているのであれば、**会社から求められていることを理解し、**

それに対して「自分ならではの価値をぶつける」ということにフォーカスしなければならないのです。そうして目の前の仕事に取り組み、結果を出さなければいけません。でなければ、会社からは評価されず、年収はどんどん下がっていっても文句はいえないのです。そんな状態になってしまえば、そもそも「時短テクニック」などというものはまったく意味をなさなくなってしまいます。

時短のためのテクニックというのは、たくさんの作業を効率よくこなせるようになるという側面もありますが、**「作業」を減らして本来の「仕事」に専念できる状態・環境を作ることです。**ですから、その「仕事」というものを理解していなければ、どんなに高度なテクニックを身につけても、ムダに終わってしまうのです。

みなさんの日々の仕事は、面倒なことが多いかもしれません。しかし、その仕事の「どこに注力すればいいのか」をしっかりと見極めてムダを省き、短時間でこなせるようになれば、汗をかかずに「価値の高い社員」になれるはずです。

誰でもできるような仕事を汗水流して時間をかけてやっていても、会社はもとより世の中的にも「いらない人材」だと思われかねません。「頑張る」という曖昧な言葉に惑わされることなく、ぜひ今のやり方を見つめ直してみてください。

04

トヨタの時短ワード③

「自分がやっていることは正しいという気持ちを捨てろ」

会社に所属している人であれば、毎朝「通勤」していると思います。では、みなさんは毎朝、何時に出社していますか？　8時半？　9時ちょっと前？　電車の場合、8時前後には大体「通勤ラッシュ」がありますよね。周囲から圧迫されて苦悶の表情を浮かべる人や、なかには耐えきれずに途中で電車を降りてしまう人もいます。

そして、車両の故障や人身事故が発生して電車が止まってしまうと、もう大変。混雑したホームには入場規制がかけられて、駅周辺は大勢の人でもみくちゃになります。

なぜこんな状態になってしまうかといえば、9時に出社するためにみんなで同じような時間帯の電車に乗るからです。

そして、時計の針が12時を指すころには、今度は会社の周辺にある飲食店が混みあい、入店するための行列ができたりもします。普段はなんてことないお蕎麦屋さんでも、お昼になれば食券を買い求めるサラリーマンでいっぱいになったり、オシャレなイタリアンレストランには財布を小脇に抱えたOLが列をなしていたりします。

そして、ようやくお昼にありつけたと思ったら、すぐに午後の仕事がはじまるということで、そそくさとオフィスに戻る姿もよく見かけます。

さらに、月末の給料日に銀行に足を向けてみると、ATMの前には、またしても長蛇の列。1カ月分の生活費を下ろすだけで、何十分もかかったりします。

これらは、昔からよく見る光景だし、「当たり前のことだ」と思っていないでしょうか？

トヨタには昔から**「自分がやっていることは正しいという気持ちを捨てろ」**という教えがあります。これが本章で紹介する、3つめのトヨタの「時短ワード」。**今までやってきたことを疑い、何か別のいい方法はないかと常に考えるということです。**

前述の例でいえば、いずれも共通して「ずらす」ことができるはずです。通勤ラッシュが嫌なら、電車が空いている早朝に会社にいけばいいじゃないですか。もし、会社やビル自体が施錠されて開いていないなら、会社近くのカフェにでもいけばいいわけです。そうすれば、満員電車でムダに体力を消耗せずにすむはずです。お昼休みはピークをずらして遅めにすれば、並ばずにお店に入ってゆっくり過ごすことができるはずです。

ここからさらに「今までやってきたことを疑って考える」場合、そもそもお昼ご飯は必ず食べなければいけないものなのでしょうか？　私は会食でもない限りお昼を食べなくなりました。そのほうが午後に眠くなったりせず集中して仕事ができるからです。生産性を高めなければいけない時間帯に、脳ではなく胃腸に血液を集中させるのはもったいない、と考えるようになったのです。

そして、銀行はネットバンキングを使っていますし、現金が必要な場合はコンビニのATMで常に必要なお金を財布に充填しておけば、ピーク時に行列に並ぶなどということをしなくてすみます。仕事上どうしても銀行で処理をしなければいけない人はさておき、給料から生活費を引き出すだけの人は、本当にその日でなければダメなのでしょうか。「今までいつも給料日にお金を下ろしているから……」と思考停止になっていないでしょうか。

ほかにも例を挙げてみましょう。仕事でよくある「アポイント」。

あなたは、待ち合わせ時間の何分前に着くのが正しいと思いますか。3分前までに間に合えば大丈夫でしょうか。10分前には着いておいたほうが安心でしょうか。5分前くらいが一般的ではないかと思いますが、私は遅くとも1時間前にはいくようにしています。その前のスケジュールにもよりますが、可能であれば2時間前や3時間前にいくこともあります。

なぜなら、スマホの乗換案内の時刻表を気にしながら時間ギリギリに会社を出るなんて、何もいいことはないからです。ギリギリで行動してしまうと、電車が少しでも遅れたらアウトですし、いちいち肝を冷やします。タクシーを使ったとしても、渋滞に巻き込まれる恐れがあります。少しでも遅れてしまったら、いちいち連絡しなければならないのも面倒です。

1時間以上も早く待ち合わせ場所に着いて何をするかといえば、やはり近くのカフェで仕事をすることが多いです。待ち合わせのギリギリまでの時間を有効に使うのです。「それならオフィスを出る時間まで仕事をするのと同じじゃないか」と思うかもしれませんが、**じつは「時間の質」が違います。**

オフィスで「あと10分で出ないと電車に間に合わない！」なんて思いながら仕事を

するよりも、現地にいって「あとは待ち合わせ時間に歩いていくだけ」という状態で仕事をするほうが、余計な心配事が少ないため集中力も高まるのです。

また、早く着いて仕事をするだけでなく、近くに書店がある場合には立ち寄って情報収集の時間にすることもできます。

もう1つ例を挙げましょう。以前、トヨタではない会社に勤めていたとき、会社全体の残業時間が多いからと毎週水曜日が「ノー残業デー」になったことがありました。周囲の人は「そうか、じゃあ水曜は残業を減らさなければ」と、なんの疑いもなく受け止めていましたが、私はその言葉に違和感を覚えていました。

「ノー残業」ということは、残業が前提になっていると感じたからです。

「いつもは残業だけど、この日は残業しないようにしようね」というメッセージなわけで、本来は間違っていると思うのです。水曜日以外はいつも残業になってしまうのではなく、毎日ノー残業にすべきではないでしょうか。

毎週水曜日が「ノー残業デー」ということは、お酒を飲む人における休肝日みたいなものですよね。「お酒は飲んでもいいけど、たまには休もう」という。そうではなくて、タバコをやめたい人が禁煙に挑戦するのと同じように、「禁残業」をしなければいけないのです。私も昔タバコを吸っていたのでわかりますが、タバコをやめるときにはパッチを貼ったり、電子タバコを使ったり、禁煙に関する本を読んだり……、とさまざまな手段が存在します。それと同じように、**残業を減らすためにさまざまな工夫を凝らすのが、ビジネスパーソンのやるべきことではないでしょうか。**

水曜日だけ早く帰ればそれでいいというものではありません。本当に仕事を早く終わらせる方法はないのでしょうか。必ずあるはずだと思います。

いかがでしょうか。さまざまな例を挙げましたが、それだけでなく仕事のやり方全般について考え直すべきことはたくさんあります。

本当に今までの仕事のやり方が正しいといえるのか？　一度ご自身の仕事のやり方、考え方を見直してみてください。そのやり方、考え方は本当に成果につながる動きでしょうか？

今まで当たり前にやってきたことが必ずしも正しいとは限らないのです。

05

必要性の低い仕事は抱え込まずに、思いきってやめてみる

ここまで、現状のやり方を疑い、「やり方を変える」ということをお伝えしてきました。

しかし、それだけではなく、「やめてみる」という選択もあるかもしれません。

必要性の低い仕事はとりあえずやめてみて、もし成果が変わらないようならそんな仕事はスッパリとなくしてしまえばいいのです。

短い時間で生産性を高めるためには、「成果に影響を及ぼす仕事」にフォーカスしなければなりません。「今までやっているから」と惰性でやり続けるのではなく、成果に影響しない仕事は徹底的に切り捨てていきましょう。

トヨタの現場でも、「必要のない仕事をやめる」という選択は何度も行われていま

した。

たとえば、私はメカニックだったので、定期的に技術講習を受講していました。その講習では、昔から終了後にレポートを書いて提出するという慣習がありました。

しかし、あるとき、先輩のひとりが「このレポートは、本当に意味があるのか」と口にしはじめ、社内で議論になったことがあります。そこで、そのレポートがどのように活用されているのかを追跡調査したところ、じつは上司も多忙であまり読んでおらず、ファイリングされて終わっていたことがわかりました。

結局、この慣習はほどなくして撤廃されました。その代わりとして、教わった作業や技術を先輩の前で実際に披露する「報告会」が開かれることになったのです。

時間をかけて紙に書き起こすよりも、手を動かしてアウトプットするこのやり方は、じつに理にかなっていて、技術の浸透が速くなっていきました。

こういった例は、製造現場だけでなく、ホワイトカラーの職場でも散見されます。

よくあるのが、報告書や日報などの書類です。もちろん、それを書くことで本当に成果が挙がるのなら続けるべきですが、大半は上司がレビューをするだけのために書類を書かせているなど、上司の自己満足のためだけに行われていることが多いのです。もしそうだとしたら、こんなにムダなことはありませんよね。そのような状況が続いているなら、やめることを提案すべきです。

あなたの本来の仕事は、書類を書くことではないはずです。日々の出来事から課題を見つけ、その解決策を考えることで、成果につなげられるかどうかが大事なのではないでしょうか。

このように、これまで何げなくやってきた習慣で「必要だろう」「重要だろう」と思い込んでいることでも、かけた時間やコストほどには成果が得られないことも十分にあります。思い込みや自己満足で仕事をするのではなく、成果をしっかり見るようにしましょう。

自己満足といえば、ビジネスパーソンのなかには厄介な考え方も蔓延しているように思います。

「価値がないことはわかっているけれど、その仕事を取られると自分の存在意義が問

われてしまいかねないから」と必死でムダな仕事にしがみついている人もいるのではないでしょうか？　こんな自己満足的な動きは本当にムダでしかありません。

こういった考え方は、会社のためにもなりませんし、その人自身のためにもなりません。自らの保身と自己満足のためだけに会社に不利益をもたらしているのです。

このような動きがあるようなら、上司に掛け合うなり、経営層に提案するなりして、意識を変えてもらうための動きをすべきでしょう。

06

トヨタの時短ワード④

「もっとラクになる方法はないのだろうか?」

「自分がやっていることは正しい」という気持ちを捨てると、仕事はどんどん進化していきます。

「進化する」というのは、アウトプットは同じなのにもかかわらず、仕事が格段に「ラクになる」ということです。

仕事でラクをするなんて不謹慎だ、と思われるかもしれませんが、トヨタの現場ではいつも**「もっとラクになる方法はないのだろうか?」**と考えさせられていました。これが本章で紹介する4つめの「時短ワード」です。

たとえば、トヨタの現場のメカニックのほとんどは、海外製の高級工具を使っていました。

もちろん、会社から工具は支給されていました。それにもかかわらず、みんな自腹で買っていたのです。

これは見栄を張っているわけではありません。海外製の高級工具を使うと仕事の精度が高まるため、同じ作業でも早く終わりますし、ミスも少なくなるため「時間」というリターンが得られるからです。ですから先輩たちからも「仕事道具はできるだけ高いパフォーマンスを維持できるものを選べ」と教わっていました。その教えを受けて、そう高くない給料のなかから工具代を捻出し、自らの仕事をラクにして時間を創り出す。そのサイクルが当たり前になっていたのです。

このように、**トヨタの現場には、与えられた環境を「正しいこと」としてそのまま受け入れるのではなく、「もっといいやり方はないのか?」と疑ってみる習慣が定着していました。**

みなさんの仕事環境でも、今よりタスク処理の生産性を上げる方法はないでしょうか。たとえば、メカニックにおける高級工具のように、なんらかのツールを使えばできるかもしれませんよね。

また、ツールだけでなく、ワードやエクセルなど、普段使うオフィス系ソフトの使い方にも個人差はあると思います。

以前、同僚の仕事ぶりを見ていて驚いたことがありました。キーボードの「ショートカットキー」をまったく使わず、マウスのクリックだけでカチカチと仕事をしていたのです。これでは明らかに作業が遅くなり、同じことをするのでも余計に時間がかかってしまいます。いくらパソコンが便利だとはいえ、使い方ひとつでもっともっと時間短縮はできるはずなのです。

普段よく使っているソフトでも、「もっとラクになる方法はないのだろうか？」と調べてみるだけで、格段に仕事が速くなる可能性があります。

確認する方法もいくらでもあります。この手のＴＩＰＳは、ビジネス系の雑誌でもよく特集が組まれていますし、書店にいけばマニュアル本なども売っています。こういった本を使う場合、わざわざ全ページに目をとおさなくてもいいと思います。目次をざっと眺めて、「これは」と直感的にすぐ取り入れられそうなものから身につけていけばいいのです。

また、ソフトの使い方以外にも時間短縮や生産性向上に役立ちそうな書籍が売られているのであれば、積極的に買って読むべきでしょう（この本を手に取っているあなたに向けて書くことではないかもしれませんが）。

どれだけ懸命に仕事に向き合っていたところで、「そんな暇はない」と、インプットを疎かにしていると、アウトプットの質は時間とともにみるみる下がってしまいます。

「忙しくて本を読む暇がない」という話もよく聞きますが、私は、「本を読まないから忙しくなっているのでは？」といつも疑問に思うのです。

このように、**ラクになるための「情報への投資」は非常に重要です。**トヨタの現場で働いていたときも、みんな常に自動車関連雑誌を買いあさって最新の整備やメンテナンスツールの情報を収集していました。

私自身もホワイトカラーに転身してから、ビジネスセミナーに積極的にお金を払って参加し、ノウハウやマインドを常時インプットしてきました。仕事をラクにするためには、インプットが欠かせないからです。

もちろん、情報への投資以外にも、仕事をラクにする方法はたくさんあります。**日**

常の「行動」に対する見方を変えてみる、ということもその1つです。

たとえば、普段の仕事のなかの「行動」「動作」に付加価値をつけてみてはいかがでしょうか。

日常的に行っている1つの行動や動作を掛け合わせて、2つ以上の効果を狙うということです。

わかりやすい例として「ランチミーティング」があります。昼休みにひとり黙々と食事をとるだけでは時間がもったいないからと、社内会議の場にしたり、取引先との打ち合わせの場にしてしまうというものですね。

ほかの例でいえば、通勤時間は読書の時間になります。さらに、座るのではなく立ったまま読めばちょっとした運動の時間にもなるでしょう（ただし、前述したとおり、ラッシュ時に電車に乗ってしまうと何もできません。そのためにも時間をずらす必要があるということですね）。

仕事をラクにするためには、こうやって「掛け合わせで仕事を進められないか」を常に考えることも大事なのです。

07

トヨタの時短ワード⑤

「時間は動作の影である」

トヨタの現場からIT業界へ転身して感じたことの1つに、「歩くスピードの違い」がありました。

トヨタの現場ではみな、歩くスピードが非常に速かったのです。

理由の1つとして「ショールームにお客様を待たせているから早くしなければいけない」ということもありました。その場でオイル交換などの依頼を受け、お待たせしていることもよくありましたので、必然的に歩くスピードも速くなります。しかし、私はそれだけが理由ではないように思いました。

トヨタには昔から「時間は動作の影である」という言葉がありました。これが、5つめの「時短ワード」です。

動作が悪ければ時間が長くなってしまい、動作がよければ時間を短くすることができる。当たり前のことではありますが、こういった言葉が残っているということは、それだけ時間への意識が強かったということ。

トヨタの現場には、日常の動作1つひとつを意識する文化があったのです。

ちなみに、ここでいう「動作」というのは、歩くスピードのことだけではなく、「動線の選択」も含まれています。仕事中に、自分が歩くルートをどう考えて進んでいくか、ということです。「何もそこまで」と思われるかもしれませんが、1分1秒でも作業時間を短縮しようとすれば、必然的に考えざるをえなくなるのです。

トヨタの現場で仕事をするうえでは、いかにムダな時間を生み出さないかを常に意識しなければなりませんでした。

ところが、ホワイトカラーの職場に転身して驚きました。モノを探してフラフラと歩きまわる人。廊下をダラダラと歩く人。疲れているのかしりませんが、そんな人を多く見かけました。

会社に所属しているということは、そのダラダラとした時間に対しても給料が支払われているわけです。そう考えると、「少しでも早く動かなければならない」と意識しなければいけないはずです。

極端な例かもしれませんが、エレベーターに乗って3階にいくとします。エレベーターが到着してドアが開きました。なかには誰も乗っておらず、乗り込むのも自分ひとり。乗り込んだあなたはまず、何をしますか？

ここでいきなり「3階」などと、行き先階ボタンを押すのは間違いです。私はいつも、乗ってすぐに「閉」ボタンを押します。そしてドアが閉まっている間に行き先階ボタンを押しています。なぜなら、いきなり行き先階ボタンを押しても、ドアはまだ開いたままだからです。この開きっぱなしの時間がムダですよね。

「そんな、5秒や6秒の話じゃないか……」と思われるかもしれませんが、**トヨタの現場では、こういった「動線の選択」の積み重ねを仕事のなかで意識することで、結果的に膨大な時間を捻出しているのです。**

次節では、この考え方を一般的な仕事に当てはめて解説していきましょう。

08

目に見えないムダな動きにも気を配れ

ここで、「時間は動作の影である」という時短ワードを一般的な仕事に当てはめた例を2つ紹介しましょう。

たとえば、ムダな動きの最たるものとして「メール」があります。メールの書き方というのは誰に教わるわけではないので、書き方が人それぞれだったりしませんか？

社外の人に対して指摘することはできませんが、社内のメールに「お疲れさまです」と入れている人には指摘をしたことがあります。「その文字を打つ時間がムダではないですか？」と。社内のやり取りですから、すぐに本題に入っていいはずです。

それから、あるクライアント先で社内メールの宛名に役職名を入れている企業がありました。「営業部 田中部長」といった感じです。

見ているとどうも毎回毎回打ち込んでいるようなのです。不思議に思って「なぜ役職まで入れているんですか?」と聞いてみましたが、「間違えたら失礼になってしまうじゃないですか」という曖昧な理由でした。

その会社は3月決算でしたので、4月になると役職や部署も大きく変更されます。すると、毎回イントラネットに載っている社員名簿を見ては、役職を確認しながらメールを書いているというのです。

これはなんというムダな時間でしょうか。「時間は動作の影だ」の考え方であれば、そのムダな時間をもっと生産性を上げるための活動に回すべきです。

ムダな動きというのは、メールのように目に見える部分だけではありません。

もう1つ、動作の速度を上げるために留意すべきことを挙げるとすると、それは「体調」です。体調がよければ集中力が高まりますから、同じ時間でも動作の質が向上して生産性が上がります。

誰しも経験があると思いますが、風邪をひいてしまうと集中力が低下し、仕事の速度は落ちますし、場合によっては仕事どころではなくなってしまいます。

ほかにも、虫歯が悪化して歯が痛い、前日に飲みすぎて頭が痛い、食生活が偏って口内炎ができて痛い、などなど……、何がしかの病気になってしまえば、通常時に比べ動作が緩慢になり、生産的な時間が失われてしまうわけです。**ですから、健康を維持することも「仕事の1つ」と考えるのは当然のことです。**

たとえば、睡眠や食事。

「忙しくて寝る時間がない」という人も多いと思います。しかし、これでは悪循環です。あまり夜更かしせずしっかりと寝ることで集中力が上がり、生産性を高めることができます。「寝る時間をとらないから忙しくなる」のではないでしょうか。

食事もそう。忙しいからと、ジャンクフードなどの軽食ばかり食べていると、どうしても、脳や身体に悪影響が出て仕事のパフォーマンスが落ちてしまいます。

現代は飽食の時代ですから、量は足りていますし、選択もできます。ですから、「何を食べるのか」と考えるより、「何を口に入れないか」を考えるべきではないでしょうか。ジャンクフードをやめ、質の高いものを口に入れるよう意識することも、生産性を上げ、時短を実現するために大切なことなのです。

しかし、実際そうは考えていないビジネスパーソンが多いように思います。「仕事が終わってから何をしようが関係ない」と考えていませんか？

では、アスリートはどうでしょうか。プロ野球選手が試合に出て結果を出せなかったとき、試合後にヤケ食いをしたりするでしょうか。ガード下の居酒屋で「あの監督が悪い」などと愚痴をこぼしつつ酒を浴びるほど飲むでしょうか。

昭和のおおらかな時代であればいざ知らず、現代のアスリートはきっとそうではないですよね。「次の試合こそ結果を出そう」と考え、コンディションを整えたり、練習したりすると思います。そんな姿をスポーツニュースなどで見たこともあるでしょう。

「それは野球選手だから」とか「稼いでいる年俸が違う」などと思われるかもしれませんが、私はそうは思いません。プロ野球選手だろうがＪリーガーだろうが、ビジネスパーソンだろうが、「仕事をして結果を残し、報酬をいただく」という意味では変わらないはずです。

であれば、ビジネスパーソンも就業時間という〝試合〟に向けてなんらかの準備をすることは必要ですし、その準備の１つとして「体調を整える」というのは仕事の１

つといえるはずなのです。

第1章では、「目的は何か？　と考えろ」「頑張ることは汗を多くかくことではない」「自分がやっていることは正しいという気持ちを捨てろ」「もっとラクになる方法はないのだろうか？」「時間は動作の影である」という5つの言葉をとおして、私がトヨタの現場で学んだ、生産性を上げるための考え方を紹介してきました。

冒頭でも述べましたが、これらは本書でお伝えする時短術の根幹になる考え方です。何度か読み返していただき、理解していただければと思います。

第2章

時短を加速する「カイゼンマインド」とは?

01

誰でもできる「作業」はすべて自動で回すことを目指せ

第1章では、5つの「時短ワード」をとおして時短を実現し、あなたの人生を充実させるための根幹となる、トヨタの考え方を紹介してきました。

この考え方をベースに本書を読み進めていただき、時短に取り組めば、時短の目的がはっきりし、何をどう効率化すればいいかわかるようになるはずです。

第2章では、有名なトヨタの「カイゼン」に関する考え方、心がまえを解説することで、第1章で紹介した5つの考え方をより具体的に理解していただきます。

「カイゼン」とは、極限までムダを省くという「トヨタ生産方式」のコアになる考え方です。経営陣から指示されたことをただやるのではなく、現場の従業員同士がアイデアを出し合い、仕事のやり方をよりよいものにしていくというところに大きな特徴があります。

私も、トヨタで働くなかで「カイゼン」の現場を何度も目にしてきましたし、自分自身でもたくさんのアイデアを提案してきました。

「カイゼン」という考え方は、工場などの生産現場に多く取り入れられていますが、本章では、私のこれまでの経験をベースに、オフィスワーカーの人でもこの考え方を取り入れ、ご自身の仕事の効率化に役立てていただけるよう解説していきます。

まず、最初に紹介するのは「自働化」という考え方です。

トヨタの現場では、いつも「にんべん」という言葉を意識させられました。「にんべん」とは、「動き」と「働き」の違いのことです。工場で漫然と作業をしていると、先輩から「おまえ、ただ〝動いてる〟だけじゃない？」とよく指摘されました。

何も考えずに手足を動かすのではなく、頭を使って目の前の仕事にアイデアを付加しろ。そうやって効率を上げていくことこそが「働く」ということだ、というわけです。その「働き」によってさらに効率化を図り、最終的にはその作業が自動で回るようになることを目指せというのです。

わかりやすくいうと、**誰でもできる作業をただこなすことは仕事ではない。それを**

効率化し、自分の時間を使わなくても目的が達成できるよう「考える」ことが仕事、つまり「働く」ということなんだ、ということです。

極論をいえば「創造的でない仕事」はすべて自動で行われるべきなのです。

だからトヨタでは、自動ではなく「自働」という言葉を使います。

仕事をしていると、目の前の「やらなければいけない作業」に追われ、思考が停止してしまうことがよくあります。しかし、トヨタではそういった状況にあるからこそ、常に頭を使って「もっとよくする（ラクにする）方法はないか」と考え、同じ状況を起こさないようにしていくべきだと教えられていました。

たとえば、車のオイル交換という作業があります。私もトヨタに在籍していたとき、1日に何度も行っていたのですが、あるとき、この作業をもっとラクにできないかと考えたことがありました。

オイル交換をするときは、車をリフトアップして、車体の下に「オイルドレンカート」という、古いオイルを受けるキャスターつきの道具を置きます。そして、エンジンの最下部についている「ドレンプラグ」という栓を工具で緩めてオイルを抜き、ドレンカートで受けます。

ドレンプラグを外す際には、そのたびに工具を自分の工具入れに取りにいっていました。しかし、毎度毎度工具入れと車との間を往復するのは面倒くさい。毎回、ドレンカートと工具を用意するのであれば、ドレンカートに工具を備えつけておけばいいのではないかと考えたのです。

このアイデアを先輩に話すと、すぐに「それはいい。やってみよう」と採用され、ドレンカートにフックを取りつけて、そこに工具をぶらさげることになりました。これによって、工具を取りにいく時間をゼロにすることができたのです。

時間にすれば数十秒かもしれませんが、毎日何度も行う作業ですから、この数十秒は大きかったといえます。

ここで紹介したのは、トヨタの現場でのエピソードですが、これは、あらゆる仕事を効率化するために必要な考え方です。今よりも効率的な方法を考えて変え続ける。仕事ではそういった動き、いや「働き」をしていくべきだといえます。

では、具体的にどのようにすれば、ご自身の仕事に「自働化」を取り入れていけるのかを紹介していきましょう。

02

1秒をバカにせず、まずは小さなことから自働化する

仕事のなかには、ルーティンワークと呼ばれる仕事もあるかと思います。たとえば、ファイルを整理したり、データを決められた手順、ルールで集計したりという動きです。「仕事」というより「作業」といったほうがいいかもしれませんね。

「自働化」の考え方でいえば、こういった作業は、「創造的でない仕事」といえます。雑務を専門としたアルバイトでもない限り、これらの仕事に時間を費やすほどムダなことはありません。**ルーティンワークは誰がやっても同じアウトプットになりますから、そこで差をつけようと思ってもなかなかできないからです。**

自働化を図ってどんどん時間を圧縮し、成果に結びつく仕事にフォーカスしていくべきでしょう。

「ルーティンワークの自働化」といっても、大げさに考える必要はありません。本当

に小さなことでもかまわないのです。

たとえば、メールを書くときの動きをイメージしてみましょう。

あなたはこれまでの人生で、「お世話になっております。株式会社○○の××です」という言葉を何回入力してきたでしょうか。

「そんなの、数えきれないほど書いているよ」という人がほとんどだと思いますが、改めて考えてみると、これを毎回入力していたら時間がもったいないですよね。

1日単位では、たいしたことはないかもしれませんが、1カ月、1年と考えていくと膨大な時間を使っていることに気づくと思います。

この作業を自働化するのは簡単です。パソコンの「辞書登録」機能を活用すればいいのです。

「お世話になっております。株式会社○○の××です」という言葉をあらかじめ辞書登録しておけば、「ｏｓｅ」などと打ち込むだけで「お世話になっております。～」と先ほどの文章が入力されます。

もう1つ例を挙げましょう。以前、こんなことがありました。

ワードで作った文書内の「Ａ」という単語をすべて「Ｂ」という単語に置き換えな

ければいけなくなってしまったことがありました。該当する箇所が100以上あったのですが、なんと、それをすべて目視で探しながら、手作業でやろうとしている新人がいたのです。

すぐに止めに入って「Ctrl」+「H」キーで「置換」することができると教えたところ、1分もかからずに作業が終わりました。もし、私が気づかずに、すべて手作業でやっていたら、どれだけの時間をロスしたことでしょう。

自動化を意識すべきなのは、テキスト入力だけではありません。たとえば、社内コミュニケーションやマネジメント、タスク管理やスケジュール管理など、従来から紙ベースでやっているような各種管理も、ITツールに置き換えて「自動化できないだろうか」と考えてみましょう。

このように、オフィスワーカーが自分の仕事に「自動化」の考え方を取り入れる場合、こういったパソコンの諸機能やショートカットキー、ITツールの活用は非常に相性がいいといえます。積極的に情報を集め、使っていきましょう。

ここまで読んで、「なんだ、そんなことか」と思った人も多いと思います。しかし、そう思った人のなかにも、辞書登録機能や置換機能、ショートカットキー、ＩＴツールなどを使いこなせていないという人がけっこういるのではないでしょうか。

前述のとおり、トヨタの「カイゼン」は、極限までムダを省くというのが特徴です。**たとえ、たった数秒の時短でも、それを積み重ねていくことで膨大な時間を創出することができるのです。**１秒をバカにすることなく、こういった設定をどんどん増やし、少しずつ時間短縮を積み重ねていきましょう。

ここまで、いろいろなツールや機能のことを書いてきましたが、**「自働化」に取り組む場合、まずやるべきことは、自分自身の仕事を細かく分析していくことです。**

私自身、トヨタの現場で働いていたときは「ムダな動きがないか」と一挙手一投足を見られていましたから、常に頭をフル回転させながら仕事をしていました。

また、毎日仕事が終わってからは、その日の自分の動きを振り返って、「もっと効率を上げられる部分があったのではないか？」と改善点を考えていました。

あなたも、ご自身の働き方のなかで「もっと効率よくやる方法はないか？」とぜひ振り返ってもらいたいものです。

１つ気をつけていただきたいのは、効率のいいやり方を見つけた場合でも、一過性で終わらせてはいけないということです。

できる限り習慣化していくために、「仕組み作り」を考えましょう。「仕組み作り」といっても、「チーム全体に展開し、浸透させるには」などと大げさに考えなくても大丈夫。まずは、自分でできるようにするだけでいいのです。

習慣化のコツは、「流れ」を作ること。習慣にしたいことを「すでに習慣にしていること」とつなげて、1つの流れにしてしまうのです。

はじめのうちは「これをやったら、次はこれをする」と意識的に動く必要がありますが、それをしばらく繰り返していると、「続けてやるのが当たり前」という状態になります。ここまでくれば、意識しなくても身体が動くようになります。つまり、習慣化というのは、意思の力を必要としない状態にするということです。

ですから、習慣化したいことは、普段無意識にやっていることにつなげると、定着しやすくなります。

このように、「どうしたら今の動きを習慣化することができるだろうか」と考え、実行することで定着させていく。そこまでの状態になってはじめて「できた」といえるのだと思います。

03

「自分の仕事じゃありません」をやめると、あなたの仕事は劇的に速くなる

お役所などではよく「それはこちらの窓口ではありませんので、あちらの窓口へ」などと、たらい回しにされることがあります。

私も何度か経験がありますが、わざわざ足を運び列に並んだ挙句にこれをいわれると、ものすごい脱力感におそわれますよね。

よく、「だからお役所仕事はだめなんだ」という言葉を耳にすることもあります。しかし、このような仕事のやり方が横行しているのは、本当にお役所だけでしょうか。

みなさんは今、どんな仕事をしていますか。世の中には、営業・経理・企画・総務など、さまざまな職種や仕事がありますよね。

では、会社のなかで自分の担当以外の仕事を頼まれたとき、あなたはどのように思いますか？

「なんで私がやらなきゃいけないんだ」「自分のことで手一杯だよ」などと、不満が頭に浮かぶかもしれません。なかには、前述のお役所の人のように「それは自分の仕事じゃない」と断ってしまう人もいるかもしれません。

しかし、〝担当の仕事〟ってなんでしょうか？　それ以外はまったくやらなくていいものなのでしょうか。**じつは、「担当の仕事ではないから」と自分の仕事を限定することは、時短から遠ざかることと同義なのです。**

私はこれまで、どの部署にいようが、どんな職種でどんな業務の担当であろうが、自分の仕事の範囲を限定しないようにしてきました。つまり、「これは自分の担当業務ではないが、必要であればやる」という考え方です。その根底にあるのは、長い間トヨタで推進されている**「多能工」**という働き方です。

多能工とは読んで字のごとく、「多くの能力を持った工員」という意味で、幅広い種類の仕事を担当するということです。トヨタでは、自分の担当外の仕事も覚えるように教育されているのです。

たとえば、自動車の製造工場では、自動車を組み立てる際、どんな部品でも取りつけ方がわかるように教育されていました。

また、私は整備士でしたが、営業の仕事も一部担当していました。

「自分の担当外の仕事をやるなんて時短どころか本来の業務に支障が出るのでは？」「それでは、やることが増えてカイゼンにならないのでは？」と思われるかもしれません。しかし、多能工として働くことで、結果的に時短につながっていくのです。それはなぜなのでしょうか？

自らを多能工化させると、次の3つのメリットが得られるからです。1つずつ見ていきましょう。

❶個々に身につくスキルが深く・広くなる

自分の担当の仕事ばかりに閉じてしまうと、特定のスキルしか身につきません。多能工化することで常に周囲を意識して仕事を進められるようになります。

周囲を意識して仕事を進める人は、自分のタスクをあくまでも「全体のなかの1タスク」として捉えることができます。すると、周囲とのつながりを含めた一連の流れとして仕事を捉えられますし、それによって経験値が引き出され、スキルアップできるという、いいスパイラルに入っていくことができるのです。

❷個人レベルでアイデアが生まれやすくなる

いつも同じ行動ばかりしていては、脳が凝り固まってしまいます。多能工化して、まったく別の仕事や動きをすることにより脳は刺激されていきます。その刺激によって思わぬカイゼンのアイデアが生まれ、それが時短につながっていくのです。

❸人間関係が広がり、いざというときに助けを得やすくなる

自らを多能工化して、いろいろな部署の仕事に取り組むことで、他部署との連携が強化されていきます。かかわる人が増えると、何かあったときに手を差し伸べてくれる人も多くなります。

あなたの仕事は、自分が思っている以上に周囲から見られていますので、日ごろから積極的に多能工を意識して働いていると、それは誰もが知るところとなります。よって、いざ困った事態が起こったとき、助けを得やすくなり、問題解決にかかる時間を劇的に短縮することができるようになるのです。

業務範囲を頑なに制限してしまうと、周囲との日常的なコミュニケーションが制限され、結果的に仕事が遅くなってしまう可能性が高まるのです。

以上が、自らを多能工化させるメリットですが、さらに、それぞれのメリットの先には、**「個人の付加価値の向上」**というご利益が存在します。

長いスパンで考えると、「常に新しいことを学び続けている人」というのは、個人の価値を最大限発揮できる人材に成長する可能性が高いと私は考えています。自分の価値を発揮できる社員が数多く育てば、会社全体の底力が向上しますから、会社組織としても多能工を推進するメリットは大きいのです。

また、私自身が実際に多能工として働いてみて感じたこととして「仕事への情熱を維持できる」という効能がありました。

これは感情論ではなく、やはり同じような仕事ばかり毎日やっていると、どうしてもマンネリ化して飽きることがあります。

多能工という働き方は、「自分の仕事が楽しい」とか「この仕事が大好きだ」と再認識し、モチベーションを保つのにも役立っていたのです。

食事でもそうですよね。同じものばかり食べ続けていると飽きますから、おかずに手を伸ばしたり、味噌汁を飲んだりしながら食べ進めていく。そうすることで食事をすることが楽しくなっていくわけです。

ただ、誤解しないでいただきたいのは、「多能工」といっても、いろいろなことを「同時に」するわけではないということです。

たまにオフィスでバタバタと忙しそうにしている人を見かけます。このように、自分を過剰に忙しくしてしまっている人は「自分は働き者だ」などという満足感に浸っているようにも見えるのですが、実際によく見ると、同時にいろいろなことをやろうとしすぎて、結局仕事が全然進んでいなかったりします。

人間は脳を切り替えるのに少なからず時間がかかるようですから、同時にあれこれ処理しようとしても、逆に効率が悪くなり、余計に時間がかかってしまうのです。

「いやぁ、そもそも仕事は自分で選べませんよ」「ほかの業務なんてやっている余裕はないですよ」という人でも、思いきって日常業務以外の仕事を少しでも引き受けてみると、飽きずに楽しみながら多能工としての経験を積むことができます。ひいては、それが1つひとつの仕事のクオリティや効率へ好影響を及ぼしていくのだと思います。

04

言い訳を考える時間があるなら、「どうしたらできるか」を考えろ

仕事をしていると、「困難なこと」や「実現不可能に思えること」にしばしばぶつかります。トヨタの現場では、そういった事態が生じたときにどのようなリアクションをするか、ということが重要視されていました。それが「時短」にもつながっていくといえます。

いちばんやってはいけないのが、「できない！」と決めつけ、「なぜできないかというと……」などと理由を並べ立てることです。

これは、「だからできない自分は悪くない」と必死で責任を回避しようとしているわけですが、その〝必死になっている時間〟がムダなのです。そもそも、まわりの人も経営者もそんなことを求めてはいません。

では、どうすればいいのでしょうか？

私がトヨタの現場にいたころは、何か問題にぶつかるたびに「どうしたらできるかを考えろ」と何度もいわれていました。「できない言い訳を考えている時間がもったいない」というわけです。

こんなエピソードがあります。

あるお客様の整備を担当したときのことです。

そのお客様は、明日から長距離の出張に出かける予定だったのですが、点検をしていると、ブレーキパッドが薄くなっており、危険な状態だということがわかりました。当然交換する必要があるため、在庫を調べてみたのですが、モノがない。通常であれば2日ほどお待ちいただかなくてはなりません。

お客様は「明日出発しなければならないのに、困ったなぁ」という様子でした。こういった場面はどんな職場でも起こりうることだと思います。もしあなたがこのような場面に直面したらどういう対応をとりますか？

部品の納期は短くできませんから、それを理由に「申し訳ありません。できません」と断ってもお客様は「仕方ない」と諦めてくれたかもしれません。

しかし、日常的に「どうしたらできるか考えろ」といわれていたため、私のなかに「断る」という選択肢はありませんでした。

「お客様が明日から出張にいけるようにするためには、どうしたらいいか？」と知恵を絞りました。

とはいえ、いつも部品を発注しているルートでは、明日までに間に合いません。そこで、私はほかの系列店に電話をかけ、在庫がないか確認していきました。

すると、8店舗めで在庫を持っているところがあったのです。

事務処理は後回しにしてもらい、すぐにこのお店にいって部品を譲り受け、無事その日中にブレーキパッドを交換することができました。

もちろん、そのお客様には喜んでいただくことができましたし、「お客様にどうやって断ろうか」と、「できない言い訳」を考えるムダな時間も使わずにすみました。

さらに、日をまたがずに作業を終えることができたため、作業にかかる時間も短くすることができたのです。

「できない」と最初に決めつけて「どう言い訳をしようか」と考えるのではなく、「どうしたら実現できるだろうか」と考えることが、時短にもつながるのです。

これは、すべてのビジネスパーソンに取り入れていただきたいマインドセットです。

たとえば、週明けに難しい会議が待ち受けている場合、「月曜の会議が嫌だなぁ。あの会議では絶対責められるんだよなぁ。会議に出なくていい方法はないかなぁ……」などと後ろ向きに考えていてもその時間はムダでしかありません。

そうではなく、「どうしたらその会議で意見をとおすことができるのか」と考えましょう。そう考えると、なんらかの調査をするとか資料作成をするとか「予習」をするようになるはずです。

しっかり予習して会議に臨めば、自信を持って意見をいうことができますし、何か質問されたとしてもすぐに答えられるでしょう。全員が予習をして臨む会議は、スムーズに進行して短時間で終わります。

もちろん、この考え方を取り入れるメリットはこれだけではありません。

次節では、このマインドセットを取り入れることの効果効能について解説していきましょう。

05

「どうしたらできるのか？」であなたの人生は変わる

「どうしたらできるのか？」というマインドセットを取り入れると、あなたの仕事や周囲の環境、人生が劇的に変化しはじめます。「そんな大げさな……」と思われた人もいらっしゃるかもしれませんが、これは真実です。もちろん、私自身が実際に体験したことでもあります。

その効果効能を、わかりやすく5つのポイントにまとめましたので、順に紹介していきましょう。

❶人に任せることができるようになる

一見、実現困難に思えることに対して、「どうしたらできるのか？」という視点で考えていると、「自分ひとりだけではクリアできないけれど、誰かに協力してもらえばできるかもしれない」という結論に至ることがよくあります。

人の協力を上手に得られるようになると、当然、仕事の効率は上がっていきます。**できない言い訳ばかり考えている人は、「迷惑かもしれない」「嫌がられるかもしれない」と勝手な想像を働かせることが多く、人に協力を頼むことが苦手な人が多いように思います。**

逆に、「どうしたらできるのか？」と考える人は、目の前の課題を達成することを最優先に物事を考えますので、躊躇することなく「まずお願いをしてみよう」と行動を起こせるようになるのです。

実際、「頼られることを望む人」は意外に多くいるものです。何か協力を仰いでも、嫌な顔をされることは少ないのです。もちろん完全に丸投げして、頼りっぱなしになるのはよくありませんが、協力しあうことで全体の効率が上がるのなら、それに越したことはありません。

また、人に頼ることで「ひとりで抱えている仕事や課題、悩み」を減らすことができるので、心も軽くなって思考もクリアになり、集中力も上がります。すると、結果的に仕事の効率が上がっていくのです。

❷落ち込んでいる時間がなくなり、有効な時間が生まれる

仕事は、機械的に片づくものばかりではありません。誰しも、気分が乗らなかったり、落ち込んでいるときには、仕事がはかどらないものです。

でも、「どうしたらできるのか？」と考えると、〝起きている事実は1つであり、捉え方の違いだけなんだ〟と感じられるようになります。

そうなると、いちいち落ち込む時間が減っていきます。何かトラブルがあっても、すぐに気持ちを切り替えることができるようになるので、仕事のスタートダッシュも速くなります。

「落ち込んでいてもしょうがない」「さあどうしよう」「次だ次！」と上手に気持ちを切り替えて、時間を創出できるようになるのです。

❸失敗を成功につなげられるようになる

「なぜできないか」にフォーカスすると、過去に捉われてしまいます。うまくいかない原因を過去から探そうとしてしまうからです。

逆に、「どうしたらできるのか？」と考えると、過去の問題点に執着することなく、

その課題が解決した先の未来を見据えて動けるようになります。

「未来を見据える」といっても、けっして「過去を振り返らない」ということではありません。問題の原因を突き詰めて、前向きに対策を考えるようになるということです。「過去の問題に引きずられて思考停止する」という時間のムダがなくなり、未来をどう変えていくかに時間を費やしながら仕事を進められるようになるといってもいいでしょう。

そうやって未来志向になっていくと、過去に起きたことがすべて正しく、「自分に起こることにムダなことはない」「自分の経験は武器になる」と考えられるようになります。そう考えられるようになれば、これから先に起きることすべてに対して喜びを感じられるようになるのです。

❹ポジティブな人が寄ってくるようになる

「類は友を呼ぶ」ではありませんが、自分に似た人といると居心地がいいものです。「どうしたらできるのか?」と前向きに考えていると、似た考え方の人が集まってくるようになります。ポジティブな思考で物事を考えているとネガティブな思考の人は居心地が悪く感じますから、距離を置こうとしてくれるわけです。

自分が前向きになって、周囲にも前向きな人が集まってくれれば、問題もより速く解決しますし、一緒に仕事をすることで能力もさらに上がり、自己成長にもつながっていくはずです。

❺目覚めがよくなり、朝からエンジンがかかる

ここまで紹介してきた4つの効果を感じられるようになると、前向きに仕事に取り組めるようになります。すると、朝からエンジンがかかりやすくなります。前向きだと仕事が楽しくなりますので、目覚めがよくなり、自然と早起きになっていくのです。本書を手に取っている人なら、朝の時間帯を活用することの重要性に関しては解説するまでもないでしょう。

朝早く起きられるようになれば、太陽の光を浴びる機会も増えます。朝日は体内時計をリセットし、日中の脳の働きを活発にしてくれるので、さらに目覚めやすくなるというわけです。だから、午前中からエンジンがかかり、仕事もはかどるようになるのです。

いかがでしょうか。**「どうしたらできるのか？」というマインドセットを身につけるだけで、仕事が効率的になるだけでなく、まわりの環境や人生まで変わっていくのです。**

ここまで読んでもまだ「本当かな」「考え方1つでそんなに変わるものなのか」と疑問に思っている人も多いことでしょう。

しかし、前述のとおり、これは真実です。

つい、できない言い訳を考えてしまうクセがある人が、「どうしたらできるのか？」という思考を習慣化することはそんなに難しいことではありません。普段から意識しているだけで、自然と変化が訪れ、それに少しでも気づくことができれば、加速度的に仕事や人生はいい方向へ向かいはじめます。

そういう人は、人生が充実していますので、ますます仕事を楽しみながら時短を実現することができるようになっていくのです。

06

「なぜ成功したのか？」を考える

過去の失敗を振り返って反省し、そこから改善策を考えるということは、誰しも経験があるのではないかと思います。反省をする際には、「もっとこうすればよかった」「次からはこうしよう」と、ある程度自分を客観視すれば、その要因を見つけることができます。

難しい問題を解決するための「問題解決思考術」みたいなものは世の中に溢れていて、外資系コンサルティング会社出身の人が書いた書籍などを手に取ったことがある人も多いのではないでしょうか。

トヨタにも問題解決の手法は存在しますが、それは第４章で書かせていただくとして、ここではあなたに１つ問いかけたいことがあります。

あなたは、過去に「うまくいったこと」について、その要因をしっかり分析していますか？

これをやっている人は意外に少ないのではないでしょうか。これは、いわゆる「成功分析」と呼ばれるものです。

失敗であれば自分がやらかしたことが痛いほどわかっているかもしれませんが、何かが成功した場合、その要因が自分の働きやアイデアによるものなのか、誰かの助けによるものなのか、さらに大きな外的要因によるものなのかを判断しづらいことが多く、分析が難しいのです。

じつは、トヨタではこの成功分析に力を入れています。これは現場だけでなく役員レベルでも積極的に行われており、売り上げが上がったとか、利益率が改善したといった事柄を分析し、その成功要因を明確にしているのです。

成功の要因が明確になると、社員全員に浸透させやすくなるので、組織としての成功へ迅速にたどり着くことができます。また、バラつきを抑えて、アウトプットを安定化させることにもつながります。

成功例を積み上げることで自信もつき、さらに成功が増える……、という「いいスパイラル」に入っていくことができるのです。

ここで、「成功分析」がなぜ必要なのかを具体的に考えてみましょう。

たとえば、営業活動ではどうでしょうか。

営業の現場では、「契約率」を上げることが求められます。アポイントの数に対して契約につながる数の割合のことですね。この数字を上げることができれば、営業活動が成功したといえるはずです。

仮に、あなたが営業部を統括する立場で、経営陣から契約率を上げることを求められた場合、どのように考えるでしょうか。

よくありがちなのは、契約率が低いからと、それを埋めるべく、部下に「飛び込みをもっとやれ！」「とにかく名刺を配ってこい！」と命じ、〝根性論〟でアポイントを増やしてしまうということです。

しかし、これでは契約率は上がりません。なぜなら、実際にアポイントをとってくるあなたの部下は、**電話の数を増やすだけで、まったくやり方を変えないはずだから**

です。ここで求められているのは契約率ですから、いくらアポイントを増やし、面談数を上げても、数字は上がらないのです。さらに、このやり方では現場が疲弊してしまい、長続きしませんよね。

ではどうすればいいか？　本来なら、うまくいっていた時期、うまくいっている人の成功要因を分析し、全営業担当者に共有、浸透させるべきではないでしょうか。それによって、提案書を改善したり、各営業担当者のトークスキルや商談力のレベルを上げることが成功への近道になるはずです。

それをやったうえで、行動量を増やしていくべきなのです。

いかがでしょうか。「成功分析」の大切さを理解していただけましたか？

とはいえ、これでは、具体的にどのように「成功分析」を行えばいいかわかりませんよね。次節では、そのやり方について解説していきましょう。

07

成功分析の秘訣は、まず「分解」から

では、成功分析とはどのように行うべきなのでしょうか。

成功分析のプロセスは、「分析」というよりも「分解」といったほうが近いかもしれません。

成功分析をする際は、まず成功体験をいくつかの要素に分解していくことからはじめます。この作業をＮＬＰ（神経言語プログラミング）の世界では「チャンクダウン」と呼ぶのだそうです。ＮＬＰはビジネス分野での自己啓発やコミュニケーション技術としても活用されていますので聞いたことがある人も多いのではないでしょうか。

「チャンク」というのは、まとまった「かたまり」を指す言葉で、「チャンクダウン」というのは、事象を複数のかたまりにほぐして分割するということです。

では、事例を挙げながらチャンクダウンについて考えてみましょう。たとえば、ある製菓会社で、「新商品のチョコレート菓子の売れ行きが予想以上にいい」という成功事例があったとします。

この事例をチャンクダウンするためには、その商品の売れ行きにつながっている可能性がある要因を1つずつ考えていきます。「チョコレートの味がよかったから」「パッケージがウケたから」「お笑い芸人を起用したテレビCMが好評だったから」「おもな納品先のコンビニチェーン自体の売り上げが好調だったから」「とくに千葉県で売れていた」などなど……、販売状況を分解しながら成功要因を分析していくわけです。

そして、これらの要素のなかから、どれとどれが最も販売に貢献しているのかを考えていくと、そのチョコレート菓子が成功した理由が明らかになってきます。

また、「プレゼンで勝利してクライアントからお褒めの言葉をもらった」としましょう。プレゼンという仕事をチャンクダウンすると、「企画書作成」や「プレゼンテーション技術」「チームワーク」など、いくつかの構成要素に分解することができます。

そのなかで、どの要素が最も勝利に影響していたのかを調べていくというわけです。

そこで、たとえば先方が「プレゼンテーションでの担当者の話し方に感銘を受けていた」ということがわかれば、そのプレゼン担当者の技術を社内に横展開していこう、などと考えることができるわけです。


このようにして成功の再現性を高めることで、次の成功まで時間をかけずに近づいていくことができるようになります。


成功したときというのは、ともすると「やったー」「バンザーイ」と浮かれ「打ち上げだ！」と飲み会を開催し、散々飲み倒して気持ちよくなって終わり……、となってしまう会社も多いと思います。

成功は次の成功への１つのステップであると認識し、けっして浮かれることなく、冷静にチャンクダウンして、いいスパイラルにつなげていきましょう。

08

「ベンチマーキング」でより速く成功に近づく

「時短」というのは、各タスクの効率化を図り、全体のスピードを上げていくことでもあります。しかし、それだけではなく「成果への近道をたどる」ことも重要です。

そのためには、**「ベンチマーキング」**という考え方が非常に効果的です。

ベンチマーキングというのは、簡単にいうと、**成功事例を模倣しながら成功に近づいていくことです。**商品開発でまるっきり他社のマネをしてしまうのは法律的にも道義的にも問題がありますが、**成果への近道をたどるために手段を模倣することは問題ありません。**

あなたも、会社に入ってから「先輩の背中を見ながらマネをして成長した」という経験があると思います。その動きを先輩だけでなく他社や他業界にまで広げていくということです。

前節で紹介した「成功分析」と似ていますが、成功分析は、自分自身が体験した成功の要因を明確にすることで成功の再現性を高めるための方法です。一方、ベンチマーキングは、**他社や他業界の成功要因から学びを得て、成功に近づいていくためのノウハウといえます。**

「学ぶ」の語源が「真似ぶ」なのは有名な話ですが、成長するための学習というのは**「マネをしながら、そのプロセスに慣れていくこと」**でもあります。そのために、「本物をお手本にする」のは勉強のやり方として極めて有効なのです。

トヨタも昔、アメリカ視察にいった際に「スーパーマーケットの在庫管理方法」を模倣し、自社独自の在庫管理方法にアレンジしていきました。それが有名な「カンバン方式」です。

トヨタだけでなく、モノづくりの世界では、よく名機の「デッドコピー」を作るということを行います。デッドコピーとは、部品や製品を寸法から材料まですべて分析して100%同じものを複製することです。完璧に複製していくことで、最高の部品や製品がどういった設計思想でどのように作られているのかを追体験し、「理想的な設計とはどうあるべきか」を実践的に学ぶというわけです。

iPhoneを生み出したAppleのスティーブ・ジョブズも、「素晴らしいアイデアを盗むことに、恥を感じてこなかった」と語っています。ジョブズですらゼロから考えるのではなく、他社の技術を組み合わせて新しいコンセプトを作る術を身につけていたのです。

この「ベンチマーキング」に会社全体で取り組んでいたことで有名なのが、下着メーカーのトリンプです。19年連続で増収増益を記録したころに社長を務めていた吉《よし》越《こし》浩《こう》一郎《いちろう》氏は、ベンチマーキングを「TTP（徹底的にパクる）」と表現していました。

他社の成功事例を徹底的に研究することで増収増益を果たした、といっても過言ではないのかもしれません。

みなさんも、成果への近道のため視野を広げて成功事例をどんどん取り入れていくべきです。他社や他部署で「うまくいっている方法」を探し出し、自分のものにしていきましょう。環境や状況が変われば、トヨタのように「独自のもの」として変化を遂げていくはずです。

もちろん、この考え方は、ビジネスパーソン個人のスキルアップにも応用できます。

「成功している人のライフスタイル」をベンチマーキングすることで、自身のパフォーマンスをより速く底上げできるというメリットもあるのです。

ここで、具体的に私が仕事のパフォーマンスを上げるためにベンチマーキングしたことのある事例をいくつか紹介しましょう。

まずは「睡眠」です。

成功している人やバリバリ動いて結果を出している人は「寝る間を惜しんで」働いているような印象がありますが、実際に話を聞いてみると、「戦略的に寝ている」という人が多いことがわかりました。

みんな、「睡眠こそが業務効率につながる。削るなんてもってのほか」と口々にいっていたのです。それがきっかけで私も、睡眠にこだわるようになっていきました。今でも最低6時間以上は寝るようにし、休日でも、普段と同じ時間に起きるようにしています。睡眠時間だけでなく、枕や布団にもこだわり、睡眠の質が高くなるようなものをチョイスしています。

さらに、神経を刺激して、快適な睡眠の妨げとなるブルーライトを避けるため、寝る前にはテレビやスマホなどを見ないようにして、すぐに入眠できるようにしました。

加えて、成功している人には集中して仕事をするための「環境作り」がうまいという共通点もあります。

たとえば、仕事に没頭したいときには、モーツァルトの音楽を聴きながら仕事をしているという人がいました。

また、1週間のスケジュールのなかに、必ず頭をからっぽにして身体を動かす時間を作っている人も多くいました。脳を休めるために、マラソンやトライアスロンをするなど運動の時間を確保しているのです。

思い返すと、トヨタの現場でも、お昼休みにみんなでバレーボールをするという慣習が古くからありました。こういったことを踏まえて考えれば、これも、午後から集中するための頭の切り替えに大いに役立っていたのかもしれません。

私自身も仕事の環境作りにはとてもこだわっています。前述のモーツァルトではありませんが、仕事の種類に応じて聴く音楽の種類を使い分けていますし、とくに集中したい場合には、余計な音だけをシャットアウトできる「デジタル耳栓」というものを使ったりもしています。

また、仕事ができる人というのは、情報収集の方法にも特徴があります。意外に思われるかもしれませんが、成果を出す人は情報を選別せず、とにかく多くの情報に触れていました。

昨今は、情報過多の時代だからと、取り入れる情報を制限することが推奨されています。「スマホ断ち」という言葉を聞いたことがある人もいると思います。しかし、私が話を聞いた人たちはみな、日々たくさんの情報に触れることを習慣化していたのです。

もちろん、情報が増えるとそれだけ無意味な情報もたくさん入ってきてしまいますが、それを遮断すればいいアイデアがすぐ浮かんでくるというものでもないようです。彼らは、とにかくたくさんの情報に触れながら「どれだけ質の高い情報の比率を上げられるか」という動きをしているようでした。

それを知ってから、私も意識して多くの情報に触れ、それが本当に必要な情報なのかを判断するようにしています。そうすることで「自分で考える力」が鍛えられますし、いわゆるメディアリテラシーも身につきます。

このように、私自身、これからも成功者の動きをベンチマーキングしながら、さらに仕事の効率を高めようと考えています。

ぜひあなたも、これらの事例を参考にしながら、仕事ができる人をベンチマーキングしてみてください。

第2章では、「自働化」「多能工」「どうしたらできるのかを考える」「なぜ成功したのかを考える」「ベンチマーキング」という、私がトヨタで学んだ5つのキーワードをとおして、ご自身の仕事を「カイゼン」し、時短を実現するためのマインドセットについて解説してきました。

次章からは、ここまで解説してきたことをベースに、トヨタの時短術をあなたの仕事に取り入れていただくための方法について、さらに具体的に解説していきましょう。

第3章

誰でもマネできるトヨタの現場の時短術

01 トヨタで学んだ「書類を捨てる技術」

ここまで、時短を実現するために必要な、トヨタの心構えや考え方を中心に解説してきました。ここからは、それをあなたの仕事に取り入れていただくための、具体的なノウハウをお伝えしたいと思います。

まず、1つ興味深いデータをお伝えしましょう。

私たちは年間平均で「150時間」をあることに使っています。この数字がなんだかわかりますか？

じつはこれ、ビジネスパーソンが1年間のうち、モノを探すのに使っている時間の平均です。 1日8時間、月20日働くと仮定すると、160時間になります。ですから、一般的なビジネスパーソンは、1年のうち、およそ1カ月分の労働時間を「探し物」

に使っていることになるのです。

ちなみに、ここでいう「モノ」とは、文房具などの物理的な「モノ」の場合もあれば、PC上のファイルやメールなど、カタチのない「モノ」も含まれます。

いずれにしても、この「探し物にかかる時間」は、「成果を出すための時間」とはいえません。

また、第1章で「人生において充実した時間を送りましょう」と書きましたが、「探し物にかかる時間」は、「あなたの人生における充実した時間」でもないですよね。

ここまで解説してきたトヨタの時短に対する考え方を踏まえれば、このムダな時間は限りなくゼロに近づけるべきです。

本章では、仕事のムダを極限まで省き、時短につなげるための、さまざまなノウハウを紹介していきますが、まずは身のまわりの整理の方法から紹介していきましょう。

トヨタには昔から**「モノを探すな、モノを取れ」**という言葉があります。

これは、探し物にかかる時間を「減らす」のではなく、完全にゼロにして「モノが必要になったら一瞬で取り出せるようにせよ」ということです。

身のまわりを整理し、このような状態を実現するためにまずすべきことは、ご自身が仕事をしている半径1メートルを見回してみることです。

いかがでしょうか？　デスクに書類が山積みになっていませんか？　机の引き出しのなかは、何がどこにあるのかすぐに答えられるようになっていますか？

デスクに書類が山積みになっている人、何がどこにあるのかわからなくなっている人は、まず「捨てる」ことからはじめましょう。

とくに、不要な書類を捨てることは重要です。**一般的に、ビジネスパーソンのデスクの上に置かれている書類の半分以上は、捨てても問題ないといわれているからです。**

それだけムダなものが積まれているということですね。

「そうはいってもなかなか捨てられなくて……」という人も多いと思います。そんな人は、まず自分なりにルールを決めてしまうのがいいでしょう。

「モノを捨てられない」人は、多くの場合、捨てる・捨てないを判断するための基準を持っていません。だから、「いつか使うかもしれないから」と不安になり、捨てることができないのです。

では、どのように基準を決めればいいのでしょう。基準の決め方は、職種や職位など、仕事の内容でそれぞれ変わってくると思いますが、ここでは、1つのヒントとして、トヨタはもちろん、製造業の現場でよく使われている、「ステータス別に場所を決め、独自ルールを設定する」という方法を紹介しましょう。

これは、あくまで1つの例ではありますが、まず、机の脇や足元に小さなダンボールを置くなどしてモノの「一時保管場所」を決めます。

捨てるかどうか判断が難しい書類は、この一時保管場所に置いておくようにするのです。そして、自分で決めた時間・曜日・日にちに一時保管場所を見直して、一度も使わなかった書類を捨てていく。

たとえば「毎週月曜日の朝に一時保管場所をチェックして、一度も使っていないモノは捨てる」といったルールを作るのです。

最初は「本当に捨てても大丈夫かな……」と不安になるでしょうが、思いきって捨ててみましょう。**やってみればわかりますが「捨てなければよかった」ということはほとんどありません。仮に、そのようなことがあったとしても、必ずなんらかの方法で解決できます。**

この事実に気づくことができれば、迷いが減り「一時保管場所」に入れる書類の数も徐々に減っていき、一時保管場所の中身を見直すために使う時間も圧縮することができます。

とはいえ、仕事をしていると「どうしても捨てる判断が難しい」という書類も出てきてしまいます。そういった場合には、デジタルデータ化して、紙の書類を捨ててしまえばいいでしょう。PDFファイルにして、ハードディスクやクラウド上に作ったフォルダに保存してしまえば管理も容易です。

とにかく机の上に書類を積んでしまうのはNG。まず、机の上に不要な書類が1枚もない状態を作り出しましょう。

もちろん、**この一時保管場所には、書類以外のモノも入れてしまってかまいません。**「黒のインクだけがなくなった三色ボールペン」や「引き出しのなかにいくつもある消しゴム」「缶コーヒーのおまけでついてきたフィギュア」など……、不要だけどなんとなく捨てられないようなモノが机上にあるのなら、思いきって入れてしまいましょう。

また、この方法は、パソコン内のファイルを捨てる際にも応用できます。

よく、パソコンのデスクトップが、フォルダやファイルのアイコンで埋め尽くされている人がいますが、これでは必要なアプリケーションやファイルがなかなか見つからず、すぐに開くことができませんよね。

ですから、紙の書類と同じでパソコン内に「一時保管フォルダ」を作り、そのなかに捨てるのが不安なファイルを一定期間保存し、期日がきたら一度も開かなかったファイルを削除する習慣をつけましょう。

この習慣を身につければ、あなたの机の上やパソコン内から不要なモノが劇的に減りはじめます。小さな箱が1つあれば、とくに努力が必要なノウハウではありませんので、机の上にモノが散乱しているという人は、ぜひ今日から取り組んでいただければと思います。

02

必要なモノはとにかく「わかりやすく」収納する

ここまでお伝えした方法を実践していただければ、あなたの机から不要なモノはなくなるはずです。その状態になったら、身のまわりのモノを整理し「モノを探すな。モノを取れ」の状態にしていきましょう。

モノを整理するというのは、わかりやすく収納するということです。**ここでいう「わかりやすい」状態というのは、何がどこにあるかがすぐにわかり、すぐに取り出せる状態ということ。**まさに、「モノを探すな。モノを取れ」ですね。

ここでは、探すのに時間がかかるモノの代表格である、書類、名刺、パソコン内のデジタルファイルに関する整理のコツをお伝えしていきますが、その前に、モノを整理する目的について再確認しておきましょう。

まず考えていただきたいのは、「身のまわりが整理されていないと何が問題なのか」

ということです。

日々の仕事のなかで、モノを探すのに使う時間が増えていくと、その時間を使ってできたはずの本来の仕事ができなくなってしまいます。だから、モノを捨てたり、身のまわりを整えたりしなければならないのです。

時間というのは、すべて質が同じというわけではありません。何度もお伝えしていますが、成果につながる時間の質は高く、そうでない時間の質は限りなく低いのです。**ですから、「使える時間」である「可処分時間」を増やし、それを成果につなげるために使うことを考えなければなりません。**そのために、モノを片づけたり情報を整理したりする必要があるのです。

これを忘れてしまうと、ただ身のまわりを整理することが目的になってしまい、それによって新たに創出された時間を有効に使うことができません。

第1章でもお伝えしましたが、目的を持って取り組むことではじめて、ノウハウを成果につなげることができるのです。

では、具体的な整理のノウハウについて解説していきましょう。

●書類

前節で、不要な書類を捨てる方法をお伝えしました。しかし、それを習慣化できたとしても、机上に残った必要な書類をきちんと整理することができなければ、不要な書類がゾンビのように復活し、またあなたの机の上にたまりはじめます。

たとえ、今必要な書類だったとしても、時間が経てば不要な書類に変わります。このときに、わかりやすく収納されていなければ、捨てられることなく机上に残ってしまうからです。

書類をわかりやすく収納するためのコツは、非常にシンプルで「立てて保管する」だけです。実際、トヨタの現場で使う書類は、ほとんどが立てて保管されていました。平積みにしてしまうと、場所がわかっていたとしても、取り出しにくくなりますし、崩れやすくもなってしまいます。また、新たな書類が上に積まれていくことになるため、下のほうにある書類が、なんの書類だったかわからなくなってしまいます。

それを防ぐため、トヨタの現場では、書類を立てるためのファイルを用意したり、背表紙に名前を書いたりしてわかりやすく管理していたのです。

机の片隅に書類が積まれているという人は、ぜひファイルなどを活用して、立てて収納するよう心がけましょう。

●名刺

「名刺を探す」という行為も、ムダな時間を生む要素の1つです。

以前勤めていた会社で、アルバムのような名刺ファイルに適当に名刺を突っ込んで管理している営業担当者がいました。その人は仕事中にいつも名刺を探している印象がありました。

何をやっているのか不思議に思い、よく観察してみると、名刺を探しはじめた途端に「あれ？　この人って今どうしているんだろう」とか、「この人はもう退職したんじゃないかな……」などと、関係ないことが気になってしまい、結局誰の名刺を探していたのかわからなくなっていたのです。仕事中に何をやっているのでしょうか。

こんなことをやっていては生産性も何もあったものではありません。

「モノを探すな。モノを取れ」の考え方に沿って、名刺を「わかりやすく」整理するためには、デジタルで管理することがいちばんです。これなら、会社名や氏名などのキーワードを打ち込むだけで、迷ったり、寄り道したりせず、最短で目的の名刺をすぐに探し出すことができます。

デジタルで名刺を管理できるツールは巷にたくさん溢れていますので、自分に合うものを探し、積極的に使っていきましょう。はじめこそ「スキャンをする」などの手間もかかりますが、一度データ化してしまえば、その後の仕事が断然ラクになります。

また、名刺管理ツールのなかには、情報をクラウド上で管理でき、スマートフォンでも検索できるものもあります。

会社によっては、情報管理の観点から使用できない人もいらっしゃるかもしれませんが、そういった制約がないのなら、ぜひ使ってみることをおすすめします。

これなら、「オフィスに戻らないと連絡先がわからない」といったこともなくなりますし、出先で会った取引先の人の役職や部署などが変わっていた際にも、忘れる前にすぐ更新することができ、より効率的に管理できるようになります。

●パソコン内のファイル

書類や名刺などと並んで、探すのに時間をとられるのが、パソコン内のファイルではないでしょうか。

「どこに保存したのかわからなくなってしまった」「タイトルを忘れてしまい検索できない」「デスクトップがアイコンで埋め尽くされていて何がどこにあるのかわからない」……。こんなトラブルが日常的に起こっている人も多いと思います。

このような時間のムダを防ぐために最も有効なのは、ルールを設け「ファイルの管理を統一する」ことです。

私は、IT企業にいたこともあり、これまで、多くの人のパソコンを見てきましたが、ファイル管理のやり方がルール化されていないケースが非常に多くありました。ファイル名に日付が書かれているものと、そうでないものが混在していたり、フォルダに入っているものもあれば、出ているものもあったり……。これではどうしても探すのに時間がかかってしまいます。

書類や文房具など、カタチのあるものは、「定物定位」を意識しやすいのですが、キーワードで検索できるデジタルデータは、つい忘れがちになってしまいます。しかし、いくら検索できるといってもタイトルを忘れたり、日付が入っていなかったりすれば、目的のファイルを見つけ出すのに時間がかかってしまいます。

これに関しては、仕事の種類によって管理のしかたはそれぞれだと思いますので、詳しい解説は避けますが、ぜひ、ファイル名や保存場所に統一ルールを設けて、パソコン内をスッキリさせていきましょう。

私は必要なファイルを探すスピードを上げるために、Gメールを活用しています。「これは必要だ」と判断したファイルは、パソコン内のフォルダに格納するだけでなく、Gメールで自分自身にも送っているのです。Gメールは検索精度が高く、移動中などでもすぐに目当ての資料を見つけることができるからです。

ここまで、身のまわりの整理についてお伝えしてきました。

先ほど、整理の目的は「可処分時間」を創出し、成果につなげることである、と述べましたが、じつはもう1つメリットがあります。

それは、**身のまわりを整理することで、「迷い」が減り、頭のなかも整理されていくということです。** 頭のなかが整理されれば、判断のスピードも上がっていきます。すると、全体的な仕事の流れもスムーズになっていく、という好循環が起こります。

ぜひ、モノを「探す」のではなく、「取る」というレベルまで行動を落とし込んでいけるよう、身のまわりの環境を整えていきましょう。

03

「見える化」で仕事全体のスピードを底上げする

以前働いていた会社の上司が、あまりに忙しそうにしているので、「あの人は、なぜあんなに忙しいのか」が気になり、しばらく観察していたことがあります。するとと彼は、「状況確認」にほとんどの時間を費やしていました。プロジェクトに関係する部下に状況確認のメールをしたり、業務の担当者を確認するために電話をかけたり、一見すると仕事をしているように見えるのですが、やっていることはそれだけ……。

もちろん部下の状況確認は管理職の仕事の1つではありますが、「仕事の状態が今どうなっているのか」「誰が何をやっているのか」といったことを確認するためだけに多くの時間を消費してしまうのには問題があります。

何が問題かといえば、仕事のあらゆる面で**「見える化」**ができていないことでしょう。

「見える化」は「可視化」とも呼ばれ、トヨタだけでなくあらゆる業界・業種でも使われている言葉です。あなたも聞いたことがあるのではないでしょうか。しかし、言葉自体がよく使われているとはいえ、それが効果的に機能しているかというと疑問が残ります。

その点、トヨタの現場では、従業員個人の毎日の仕事が徹底的に「見える化」されていました。仕事の1つひとつが「作業工程ボード」というところに掲げられ、そのボードさえ見れば「誰が」「何時から」「何をする」というのが一目瞭然だったのです。

これは、一般的なオフィスでいうところの「グループウェア」にあたります。ところが、多くの場合、グループウェアで共有されているのは「会議」とか「アポイント」といった情報だけで、個人の作業レベルまでは共有されていないケースが多いのではないでしょうか。

私がホワイトカラーに転身して仕事をしはじめた際、最初にトヨタのやり方を取り入れたのが、**「今日の何時までに何をするか」といったTODOリストまですべてを**

見える化し、優先順位を決めながらグループウェアに書き込むことでした。

そうすることで、上司は私の行動をひと目で確認できるようになります。そうすれば、上司の仕事もラクになりますし、いちいち進捗を聞かれなくてすむので、私自身も仕事を中断されることが減り、効率が上がります。

また、優先順位を考えながら実際にタスクを書き出すと、自分の頭のなかが整理され、やるべきことが明確になり集中力も高まります。結果的に仕事が速くなるのです。

さらに、これをやるようになってから、私のTODOリストを見かけた先輩が「その作業、やったことあるから手順書送るよ」などとアドバイスをしてくれたりと、多くのメリットもありました。

また私は、仕事のアポイントを書き込むだけでなく、「休暇」のアポイントも高めの優先順位で入れていました。これも実際にトヨタの現場でよくやっていたことでした。

多くのビジネスパーソンが有給休暇を消化できずにいるのは、仕事が最優先で「休めそうだったら休む」というスタンスだからです。

休暇の優先順位を最下位にしていると、なかなかそこまでたどりつくことはできません。これでは、休めないのは当然といえます。ですから、**仕事のアポイントを取るのと同じくらいの感覚で休暇のアポイントを取ってしまえばいいのです。**

そうするとスケジュールにもメリハリがつき、「次の休暇に向けて集中して仕事をしよう」ということにもなっていきます。

このように、〝オフィス版〟作業工程ボードともいえるグループウェアを活用し、さまざまなことを「見える化」すると、あなたやあなたのまわりの人の仕事はどんどん速くなっていきます。

ただ、「見える化」の考え方をあなたの仕事環境に取り入れる方法は、グループウェアの活用だけではありません。もう１つ例を挙げましょう。

「見える化」の考え方は、毎日送受信しているメールにも応用することができるのです。

あなたは、受信したメールの要件を件名から判断できず煩わしい思いをした、という経験はありませんか？

たとえば、メールの件名に「昨日の件」としか書かれていなかったら。私も経験がありますが、受け手からすると、開いてみないと何が書いてあるかわかりません。これでは今確認すべきメールなのか、後で確認すればいいものなのかが判断できず、ムダに時間をとられてしまいます。もし、なんらかの理由で確認するのが数日後になってしまった場合、いつの件なのかということすらわからなくなってしまいます。

これは、メールの「見える化」ができていないということです。メールの見える化ができていないと「相手に手間をかけさせる」ことにつながってしまいます。

時短で仕事をしていくことは、自分さえよければいいということではありません。相手にも手間をかけさせず、すぐ理解してもらえるような工夫をしなければならないのです。仕事はひとりでするものではありませんから、相手の作業を削減することが、最終的に自分自身の時間を創出することにつながるのです。

メールは件名を読むだけで中身がわかるようにしましょう。時と場合にもよりますが、極端な話、メールの件名だけで要件を伝えてしまってもいいと思います。

また、メールでアポイントを依頼するケースもよくありますが、その際には「アポイントの見える化」をしてほしいと思います。**「アポイントの選択肢を3つ以上示してお伺いを立てるべきだ」**ということです。

たとえば打ち合わせをしたいとき、「今度、打ち合わせをしましょう」ではNG。

受け取った人は次のメールでアポイントのやり取りをしなければならず、手間になってしまいます。
実際に私も、Ｃｃでこんなやり取りを見せつけられたことがありました。

Ａ社「打ち合わせをしましょう」
Ｂ社「はい、そうしましょう。何日ぐらいがいいですか？」
Ａ社「お任せしますよ」
Ｂ社「では、５月30日でどうでしょう？」
Ａ社「５月30日は予定があるので別の候補日をお願いします」
Ｂ社「それでは６月４日ではいかがでしょう？」……。

結局、打ち合わせ日が決まり、このやり取りが収束したのは最初のメールから４日後でした。あなたは、このやり取りを読んでどう思いましたか？　私は、これをＣｃで読んでいて憤りすら感じたほどです。

メールのやり取りは、相手に負担をかけないよう、先を読んで対応することが大切です。打ち合わせの打診と同時に日時の希望を出してしまいましょう。

相手に任せる場合でも、「○日〜×日の間でいくつか候補日をいただけると幸いです」などと範囲を指定してしまえばいいのです。

また、「アポイントのメール」は、なるべく優先順位を高く設定しましょう。理由としては、スケジュールの決定が1日でも遅れるとおたがいの状況が変わってしまい、またはじめからやり直しということにもなりかねないからです。

オフィスにおける「見える化」は、ここで紹介したグループウェアやメールだけではありません。会議の議事録や情報共有など、さまざまなことに応用できます。

常に「見える化」を意識して情報をオープンにすることで、仕事全体のスピードが確実に底上げされていきます。あなたもぜひ、「見える化」の考え方を日々の仕事に取り入れてみてください。

04
短時間で成果を最大化するTODOリストの作り方

トヨタには、**「売れるときに売れるものを売れ」**という言葉があります。工場の在庫管理などでは「必要なときに必要なものを必要なだけ」というJIT（ジャストインタイム）の考え方が有名だと思いますが、その考え方をマーケティングに応用しているのが「売れるときに売れるものを売れ」という言葉です。この考え方は、あらゆる仕事の生産性を高めるうえで非常に重要ですので、解説していきたいと思います。

「売れるときに売れるものを売れ」という考え方を目の前の仕事に置き換えると、**「状況に合わせて成果の出ることにリソースを集中せよ」**ということになります。つまり、目の前の仕事に手当たりしだいに取りかかるのではなく、「成果の出る部分に集中してさらに伸ばしていく」ということです。

仕事というのはさまざまな優先順位・重要性のタスクがあります。やるべきこと、やりたいこと、やったほうがいいこと……。先ほど「見える化」のところでも書きましたが、こういったタスクの「TODOリスト」を作って並べてみるというのは重要です。

しかし、ただなんとなくTODOリストを作って並べただけではダメ。これでは「TODOリストを作った」というだけで、生産性の向上にはつながりません。

TODOリストに向き合うべきスタンスというのがあるのです。それを間違えてしまうと「またタスクが残ってしまった……。自分はなんてダメな人間なんだ」などと自責の材料になるだけです。

そのTODOリストに向き合うべきスタンスの1つが、「状況に合わせて成果の出ることにリソースを集中せよ」ということなのです。

そう、ここでもやはり「成果」にフォーカスしなければいけません。**成果を常に見つめながら、成果が出やすい部分に注力してさらに伸ばしていく。**そんな動きこそが、短い時間で成果を最大化させるために必要なのです。

たとえば、あなたが営業活動をしていて、お客様にお礼状を書いているとします。このお礼状がお客様からの評判もよく、成果にもつながっていることがハッキリしている場合、「お礼状を書く」というＴＯＤＯの重要性は高く、何よりも優先されるべきです。

しかし、多くの場合、目の前の雑務に追われ「お礼状を書く」というＴＯＤＯが後回しになり、結果的にお客様が離れていく、ということが起きているのが現実です。

このようなことを起こさず、成果にフォーカスするためには、「自分のやっている動きがどれだけ成果につながっているのか」を日ごろから把握しなければなりません。

「成果にはつながらないけれど会社から求められている作業」と、「自主的にやっているだけだが、じつは成果に直結している作業」のどちらを優先すべきかを冷静に判断するということです。

本来、仕事におけるタスクは、短期や長期、直接や間接などの違いこそあれ、すべて成果につながっていないといけません。逆に考えれば、**成果につながらないことは**

「やらない」と決めてしまうことも重要なのです。

TODOリストを書くとなると、とにかくなんでも書きたがる人がいます。忙しい自分に酔っているのかわかりませんが、よく見ると「じつはやらなくてもいいこと」まで含まれていることが多いのです。これではいつまで経ってもすべての仕事を終わらせることができません。

「やらない」という基準を明確にしておけば、タスクの洪水に溺れてしまうことはなくなります。「やるべきタスク」が常に絞り込まれていれば、充実感に満たされて仕事を進めることができるのです。逆に、なんでもかんでも自分で抱え込んでしまうと、時間がいくらあっても足りずにストレスばかりが溜まってしまいます。

もちろん、仕事のなかにはすぐには成果につながらない、「長期的かつ間接的」なタスクもあります。こういったものに関しても、「まわりまわって、最終的に自らの目標達成に関連してくる」と考えられるのであれば取り組み、そうでなければやらない、というふうに考えましょう。

TODOリストに向き合うべきスタンスを、もう1つ紹介しましょう。

それは、「未経験の仕事」「苦手な分野の作業」「時間のかかる業務」などは、得意な人や外注先に任せられないかと考えるということです。「餅は餅屋」とはよくいったもので、苦手なことに時間をかけて取り組んでも効率が悪いだけ。

ビジネスシーンでは、「費用対効果」という言葉がよく使われますが、これは「成果を出すために支出を抑える」という意味だけではありません。**「時間のかかってしまう仕事を可能な限り手放すために、費用を使っていく」という意味も含まれるのです。**

成長している企業を見てみると、清掃や総務、庶務、経理、研修、WEB関連業務など、さまざまな分野の作業を外注していることがわかります。

得意な企業に任せられるものは任せて、自分たちは成果につながる部分を徹底的に伸ばすということを考えているわけですね。

これは、個人の仕事でも同じです。前述したように、ITツールで自働化できる作業は、すべて機械に任せる。個人的に外注できる業務があれば、思いきって発注してみる。ひとりで抱え込んでいる仕事をチームのメンバーでシェアする……。少し考えるだけでも、いろいろな方法が思い浮かぶはずです。

ぜひ、あなたも考えてみてください。

ここまで仕事に関するＴＯＤＯについて解説してきました。しかし、人生は仕事だけではありません。日々の生活のなかでもさまざまなタスクは発生します。

なかでも、「やりたいこと」に優先順位をつけるのはなかなか難しいものです。趣味や遊び、自己啓発など自分のやりたいことを片っ端からやろうとすると、まったく時間が足りなくなってしまうはずです。とはいえ、人生において「やりたいこと」を諦めてしまうのもどうかと思います。

こんな場合、時間という限られた資源をどのように使えばいいのかを徹底的に考えてみましょう。

たとえば、「読書」という「やりたいこと」があったとして、毎日時間がないからと諦めてしまうのはもったいない。**そんなときには、「どうすれば読書ができるだろうか」と、タスクの「最適化」を図るべきです。**

私がこれまでに考えたのは、「速読を習得して読書時間を短くする」とか、「本を章ごとに細かく裁断して持ち歩き、すぐに読めるようにする」とか、「オーディオブックが出ている本なら移動中に聴くようにする」など、どうやって読書をすべきかという「最適化」の方法を考えていきました。

同様に、運動をしたいのであれば、今の生活のなかに、どうやって「運動」を取り入れていくかと考えましょう。

そうやって「生活の最適化」を考えながら、少しずつ人生を充実させていくべきだと思うのです。

仕事でもプライベートでも「やりたいこと」をいつまでもリストのなかに留まらせていても、時間が過ぎるばかりです。

どうしたら「ＤＯ」できるのか？　と考えて実行し、ダメだと思ったらすぐに改善する。その繰り返しが仕事の成果や時短につながり、ひいては人生を充実させることにつながっていくのです。

05 極限までムダを省くには、空き時間を「できること」で埋めろ

前述しましたが、トヨタの「カイゼン」のコアになっているのは、「極限までムダを省く」という考え方です。

トヨタでは、たった1秒のムダもなくそうと、社員一人ひとりが努力を続けています。それは、**社員すべてが1秒のムダを削ることの積み重ねが大きな成果につながることを知っているからです。**

昔、トヨタの偉い人が、現場の従業員に対して**「床にはお金が落ちていると考えなさい」**といったのだそうです。

これは、小銭が落ちているから拾えということではなく、〝仕事のカイゼンのネタなんてものはいくらでも足元に転がっている〟という意味です。

ここでいう「お金」とは、まさに「成果につながること」を表しているのです。

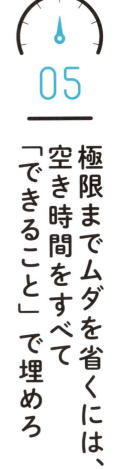

実際、どんな会社で仕事をしてみても「完璧だ。もうカイゼンの余地はない」なんていうことは一度もありませんでした。どの企業でもカイゼンすべきネタはいくらでもあり、それは意外と身近なところに存在するのです。

これは個人でも同じ。ぜひ、ご自身の仕事のやり方をもう一度振り返ってみてください。あなたの働き方に、ムダな時間は1分たりともないものでしょうか？

自分の1日の生活を観察してみると、意外に数分程度の細かい空き時間があるものです。その時間をできることで埋めていくと、効率が上がることが多かったりします。

よく「スキマ時間を使おう」ということをいわれますが、まさにそのとおり。

仕事をしていると、何かの待ち時間や、移動中の時間など、ちょっとした時間は誰にでも生まれると思います。これもいってみれば「床に落ちているネタ」ということになります。短い時間で成果を挙げている人はみな、このスキマ時間の使い方がとても上手です。

スキマ時間をどう活用していくか。これが時短への鍵になるのです。

06

スキマ時間の使い方にもルールがある

では、スキマ時間をどのように活用していけばいいのでしょうか。ひと言で「スキマ時間」といっても、エレベーターや電車の待ち時間など数分しかないこともありますし、打ち合わせと打ち合わせの間など、30分くらいある場合もあります。

スキマ時間を上手に活用している人は、「スキマ時間ができた場合、何をすべきか」ということを、時間の長さによってあらかじめ決めておき、手帳などに書き込んでいたりします。たとえば、こんな感じです。

- **5分以内**→電話連絡・ニュースアプリでニュースをチェックする
- **10分程度**→Ｔｗｉｔｔｅｒでリサーチをする・メーリングリストやＬＩＮＥグループをチェックしてプロジェクトの進捗を確認する

●20分程度→資料のレビューなどを行う

このように、5分の仕事、10分の仕事、20分の仕事をそれぞれストックしておき、たとえば電車で30分移動するとしたら、「10分の仕事と20分の仕事をそれぞれやろう」などと組み合わせて考えていくのです。

私自身も、「どのスキマ時間にどのTODOを処理すべきか」を手帳に書いて整理しています。整理といっても、TODOリストに独自のマークをつけるだけです。

たとえば、「取引先との会食のお店をリサーチする」というTODOには「タクシー」マークをつけています。これは、タクシーに乗ったときにそのマークを見て「ああ、そうだリサーチしよう」とやるべきことを明確にするためのものです。

このマークは「電車」や「エレベーター」「カフェ」など、ご自身の行動範囲によって考えればいいと思いますし、「5」とか「10」といった、時間単位のマークでもいいと思います。やることは、マークをつけることと、スキマ時間ができたらすぐ手帳を見るクセをつけることだけ。誰でもすぐに取り入れられると思いますので、ぜひ試してみてください。

スキマ時間にできる作業を大まかに分類すると、「残務処理」「次の仕事を生み出す仕事をする」「未来につながる仕事をする」といったものが考えられます。

残務処理とは、出先で日報を作成する、関係各所に連絡するなど、オフィスでの業務を補完するようなイメージですね。

「次の仕事を生み出す仕事」とは、インターネットで調べものをしたり、企画案を考えるなどといった仕事です。

最後の「未来につながる仕事」は、読書をしたり、オンラインで英会話のレッスンを受けるなど、自分に対する投資といった意味合いがあります。

昔はこのような仕事は机に向かっていないとできませんでしたが、現在は、通信環境やスマホなどの各種デバイスの発達によって、より効率的にスキマ時間を使うことができるようになりました。

私は常に2冊の本を持ち歩いています。電子書籍も含めるとそれ以上になりますので、何を読むか迷ってしまうほどです。このように「環境を用意しておく」ということともスキマ時間を有効に使うために重要だと思います。

人によっては、どんな状況でも集中できるよう「ノイズキャンセリングヘッドフォン」を使っていたりもします。私の場合、集中力が高まる「ヘミシンク」というジャンルの音楽を聞いて自分自身にスイッチを入れています。

あなたも、自分なりに集中力を高められる環境やスイッチを持っておくといいでしょう。電車に乗ってすぐに勉強道具や仕事道具を取り出して集中モードに入ることができれば、スキマ時間をさらに有効活用することにつながります。

よく、電車のなかでスマホのゲームに熱中している人を見かけますが、これはいかがなものかと思います。「気分転換のために1日5分だけ」というのなら、まだ許容範囲かもしれませんが、移動中などにダラダラと30分も40分もやってしまうという人は、**「この時間は何も生み出していない」**ということをしっかり自覚すべきです。

まさに床にはお金が落ちています。それを拾うか拾わないかはあなたしだい。スキマ時間でできることはたくさんあります。ぜひ、改めてご自身の時間の使い方を振り返ってみてください。

さて、ここまでスキマ時間の活用法についていろいろと書いてきましたが、スキマ時間の対極にあるのは「まとまった時間」です。

著名な経営学者、ピーター・ドラッカーは、『経営者の条件』（ダイヤモンド社）という本のなかで、**「成果を挙げるためには自由に使える時間を大きくまとめる必要がある」**と述べています。

そう考えると、スキマ時間というのはやはり残務処理などに費やし、それによって創出された「まとまった時間」で成果を出していこう、と考えるべきなのかもしれません。

ぜひスキマ時間という「床に落ちているお金」を拾っていきましょう。そしてそのお金を大きくするために、まとまった時間で成果を出す動きをしていきましょう。

07 仕事に「完璧主義」は必要ない

あるビジネス雑誌の調査によると、**年収の低い人は「正確さ」を重視し、年収の高い人は「段取り・成果」を重視するのだそうです。**年収という軸がすべてではありませんが、大切なのは「正確さ」よりも成果に近づくための「実行力」だということではないでしょうか。

実際、**「生産性が低く、残業ばかりしている人」というのは、完璧主義の人が多いように思います。**すべてを自分で処理しないと気がすまない。資料を作成するときに細部までこだわる。性格としては真面目で責任感があり、まわりの人を巻き込むのが苦手……。こんな人ほど残業過多になっている気がします。

また、「管理職が抱く部下へのストレス」の1つに「遅い」というものがあるのだそうです。管理職をされている人であればおわかりかと思いますが、多くの上司はもれなく「自分でやったほうが速い」と思っています。仕事を部下に任せるということは、多少の我慢をともなうことなのです。

そんな状況ですから、部下が速く動かなければ、上司はどんどん不安になって、新たなストレスを抱えてしまいます。

ですから、安心して仕事を任せられる部下、信頼される部下というのは、「正確性を重視する人」ではなく、「速く動く人」であるといえます。

仮に、スピードを重視するあまり多少のミスが生じたとしても、上司がフォローしてくれるはずです。

私は、この本を読んでいるあなたに、**「完璧なんて求めなくていいんです!」**と、声を大にしてお伝えしたいのです。

ここで、改めて考えていただきたいのですが、時間を短縮して生産性を上げるには、多くの時間を「考える」ことに費やさなければいけないのでしょうか。実際、会議を頻繁に行って考える時間を重視する企業も多いように見受けられます。しかし、結果を出そうとするのであれば、まず「行動」しなければはじまりません。

厳しい受験によって「正解」を求めることが重視されてきた義務教育の弊害なのか、日本企業では、動き出す前にやたらと「正解」を探そうとする人が多いように思います。そんなことをしていては、いつまで経っても動き出すことができません。

変化の激しいビジネスの世界では、「正解」を探して足踏みしているうちにタイミングを逃してしまうということがよく起こります。私の周囲にいる「できる人」や「結果を出し続けている人」は、たしかな答えなどわからないまま動き出して次々に目標をクリアしています。

トヨタには古くから**「巧遅《こうち》より拙速《せっそく》」**という言葉があります。これは創業者の考え方でもあります。

巧遅というのは、「丁寧にやろうとして遅くなってしまう」こと。拙速というのは**「拙くてもいいから速く動こう」**ということです。60％でも70％でも、ある程度のカタチになったら、いったん区切って動き出してしまえ、という意味です。

たとえば、上司から「資料を作ってほしい」といわれたら、多少の誤字脱字などは気にせずスピードを優先してカタチにしてしまうのです。そして上司に見せてフィードバックをもらいながら、最終的に完成に近づけていく、という感じです。

もちろん、ここでも成果にフォーカスし、「そもそも、その資料が〝お金を生む資料〟なのか」をよく考えることも大切です。

お金を生まない資料やクオリティを求められていない資料は、文字の大きさや字体など、細部にこだわる必要はないのです。手間と時間を省くために、できる限り手を抜いてスピードを重視しましょう。

ここでは資料作成を例に出しましたが、この考え方はどんな業務をする場合でも同じです。

たとえば、何かを決めなければいけないときには準備すべき内容を先に考えるのではなく、まず日程を先に決めてしまう。**準備の次に行動するのではなく、まず行動なのです。**

たとえ全体像が明確でなかったとしても、準備7割くらいでまずスタートしてしまいましょう。そもそも全体像なんてものは動かなければなかなか見えてきません。どうせわからないのなら、進めながら軌道修正するほうが結果的には速いのです。

08

正確さよりも実行力とスピードを重視せよ

さまざまなサービスや製品が溢れている今の時代、アイデア自体には価値がなくなってきています。あらゆるサービスやアイデアはほとんど出尽くしていて、世の中をひっくり返してしまうような革新的なアイデアなどめったに出てきません。ほしい情報もネットで探せばたいていは見つかります。

このように、現代社会ではアイデア自体の価値は下がってしまいましたが、その代わり重要になってきているのが「実行力」です。**アイデアはいくらでも転がっているわけですから、あとは「やるか、やらないか」というわけです。**

「何を今さら。そんなの当たり前じゃないか」と思うかもしれませんが、実際には「拙くてもいいから速く実行する」ということができていない人が多いから、「実行力」に価値があるのではないでしょうか。

この考え方を身につけると、仕事の動き出しや決断が驚くほど速くなります。

とくに、何か新しいことをはじめるときには「拙速」という考え方が有効です。

よく、新しいことをはじめる際、稟議を上げたけれども承認がもらえなかったということがあります。その理由として「効果が見えないから」というのはよく聞く話で、私自身も経験があります。

提案内容は悪くないはずなのですが、データがなく信憑性が疑われるとき、経営層や上司は不安だから却下したくなってしまうというわけです。でも、そこで引き下がってはいけません。こんなときこそ「拙速」なのです。

「データがない状況ですから、ミニマムで実験させてください。その結果で判断していただければ、リスクはありません」と提案をすれば、大抵はやらせてもらうことができました。

このように、**新しいことをはじめる場合には、事前調査や準備に時間をかけるのではなく、まずは小規模・低予算でリリースしてみましょう。**するとさまざまな反響や反応が得られますから、その反応を見ながら参考になる意見を取り入れ、ブラッシュアップしていけばいいのです。

こういった動きは、とりわけ先進的な企業で活発になっています。聞いた話では、シリコンバレーの企業でも「過去のデータ」より「目の前の実験結果」が優先されているのだそうです。まずは実験して、その結果をもとに次を考えるというわけですね。実際、誰もが知る企業となったFacebook社の本社にもこんな言葉が壁に掲げられているそうです。

「完璧を目指すより、まず終わらせよう」

先進的なインターネット企業でも「拙速」に重きを置いていることが伺えます。

日本の大企業でよくある「説得のためだけに必要となるデータを探して加工する」などという時間は非常にムダです。貴重な時間をムダにしないためにも、拙速でミニマムの実験をさせてもらえる許可をもらいましょう。

また、行動だけでなく、「決断」についても拙速で行っていくべきだと思います。

日本企業の商談ではよく「持ち帰らせていただきます」という言葉が聞かれますが、

これは、判断をその場ですませることができず「巧遅」で行おうとしているわけです。決済権限など社内的な事情があるにせよ、非常に時間がもったいないですし、商談相手からの印象もよくありません。相手はきっと、「決断できる人が商談にきてほしいなぁ……」と思っているはずです。

タスクをその場で片づけてTODOを減らしていくという意味でも、拙速で決断ができる体制を整えるべきなのです。

もし、社内事情などでどうしてもすぐに決断できないときには、「3日後の金曜日に回答します」などと具体的に返答する日を伝えましょう。そうすることで、結論は先送りしているにもかかわらず、あたかも即決したような印象を与えることができます。そうやってなんでも拙速で決断をしていくと、「あの人は頭の回転が速い」と多くの人が感じてくれるようになります。

速く動き、速く判断する。たったこれだけのことで、時短はもちろん「この人は頼もしい」という信頼まで得ることができるのです。

ぜひ拙速で行動し、決断していきましょう。

09

仕事と気持ちの「ムラ」をなくす時間の使い方

生産性を上げるための基本ともいえるのが、「ムリ・ムダ・ムラの排除」です。トヨタでは、これを徹底的に行うことで、極限まで生産性を上げる努力をしています。これはトヨタだけでなく、「3ム活動」という名前をつけて取り組む製造業の企業もたくさんあります。

もちろん、「ムリ・ムダ・ムラの排除」は、製造業のみならず、あらゆる職場にとって大切なことです。この3つの要素のうち、「ムリ」と「ムダ」については、ここまで多くのことを解説してきました。

ここでは、時短という観点から、「ムラ」の排除をどのように意識していくべきか解説していきましょう。

あなたの仕事から「ムラ」を排除するためのいちばん効果的な方法は、「時間帯によって取り組む仕事の種類を変える」ことです。

じつは、同じ仕事をするにしても、「時間帯」によって、はかどることもあれば、集中できず余計に時間がかかってしまうこともあります。これが仕事の「ムラ」の正体です。

なぜ、このようなことが起こるのでしょうか。

以前勤めていた会社の先輩に、毎日、日暮れくらいの時間になってから企画書などの文書作成をしている人がいました。その先輩は文書作成があまり得意ではなく、どんどん後回しにして、いつも手をつけるのが帰る間際になっていたのです。しかし、なかなか筆が進まず、結局残業に突入するということを繰り返していました。

まるで、夏休みの宿題になかなか手をつけず、最後の日に泣きながらやっている小学生のようですが、これは仕事における典型的な「時間帯」のミスです。

では、この先輩はいつ文書作成をすればいいのでしょうか。

答えを述べる前に、仕事のムラをなくすための1日の使い方について、簡単に解説してしまいましょう。

あなたは、「何時から何時の間にこの仕事をする」と決めていますか？

ご存じの人もいらっしゃると思いますが、人間の体内リズムは一定ではなく、時間によって変化しています。**つまり、そのリズムに合わせて、適切な仕事を割り振っていけば、同じ成果をより短い時間で出すことができるようになり、仕事を速く終えることができるのです。**

私は1日を、大きく「始業前」「午前中（始業～12時）」「お昼から夕方（12時～16時）」「夕方以降（16時～終業）」の4つに分け、次のように、それぞれやるべき仕事の種類を決めています。


午前中は頭も冴えていますし、1日で最も集中力が高まる貴重な時間帯です。アイデアを練るといった「創作業務」など、考える仕事に使いましょう。

また、先ほどの先輩が、毎日残業しながらやっていた書き仕事などは、早めに出社して、社内に人が少なく電話も鳴らない、始業前に片づけてしまうのが理想です。

苦手なことでも「始業時間までに終わらせる」というタイムリミットを設定するこ

とで、より集中力が高まります。

お昼から夕方にかけての時間帯は、ランチも含め人と話をしたり、身体を動かしたりする仕事が向いています。

お昼ご飯を食べたあとは、眠くなるなど集中力も散漫になりやすいので、打ち合わせや移動、力仕事などに充てるといいでしょう。私はランチをほとんど食べませんが、それでも人とのアポイントは必ず午後に入れるようにしています。

夕方から終業までの時間帯は、頭も疲れ、生産性も落ちてしまいがちです。ですから、考えなくてもできる定型業務や、たまった雑務を処理するなどの「作業」に使いましょう。

多少疲れていたとしても、こういった負荷の少ない作業なら、終業時間も近づきゴールも見えているため、スピードも加速します。何度もお伝えしていますが、このような「作業」は「仕事」とはいえませんので、ダラダラやらず、速やかに片づけて定時で会社を出るようにしましょう。

仕事のやり方について日によってバラつきが出てしまうという人は、行動のルーティーンを作ってしまうのがおすすめです。

学校の時間割のように、時間単位でやることを割り振っていくのです。これは、先ほど紹介した「TODOリスト」の応用編ともいえます。

そうすることで、多少気持ちにムラがあったとしても徐々に安定していきます。時間帯とルーティーンを意識して、仕事や気持ちのムラをなくしていきましょう。

10
あなたの仕事力を鍛える「25%ルール」とは？

意図せずに残業ばかりになってしまう人がいます。本人はなんとかしようと思っているけれど、どうも毎日残業になってしまう……。

そんな人を見ていると、「この人は、時間があるから残業をしてしまうのではないか？」と思うのです。なんだか矛盾しているような考え方ですが、要はこういうことです。

「自分には時間がある」と思ってしまうと、効率化の努力や工夫をしなくなり、気づかぬうちにどんどん時間をかけるようになってしまいます。

負荷をかけて身体を鍛える筋トレと同じように、「時間が限られている」という負荷があるからこそ、「仕事力」が上がっていく。昔から「仕事をたくさん抱えている人に仕事を頼め」といわれていますが、それに似ているかもしれません。

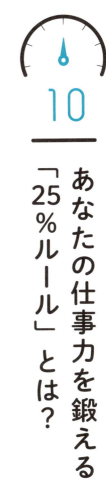

そう考えると、「締め切りを設けて、自らを苦しい状況に追い込んでしまう」ということが残業を減らすための効果的な方法ではないでしょうか。

それを表すかのように、トヨタには昔から**「自らを必死の場所に置け」**という言葉があります。「必死の状況に陥ったほうが、頭を使って工夫をするようになる」という意味ですが、当然これは時短にもあてはまることです。

「火事場の馬鹿力」ではないですが、誰しも締め切りを設定されると、それを意識して仕事をするようになります。もし、あなたが締め切りのプレッシャーと無縁の仕事をしているのであれば、「毎日定時に帰る」といったルールを自ら設けて実行していけばいいのです。

そうすることで、あなたの頭のなかでは、仕事を定時に終わらせるための試行錯誤がはじまります。人によっては、定時から逆算した時間割を作るようになるでしょう。

そうやって自主的に考えながら仕事を組み立てていくようになると、いわゆる「やらされ感」がなくなっていきます。すると、自ら進んで知恵を絞り、定時に帰るための仕事の進め方を常に考えていくようになるのです。

自らを必死の場所に置く方法として、私が実践しているのが「25％ルール」です。**25％ルールとは、設定された納期や決められた期限を、自ら25％縮めてしまうというもの。**

たとえば、「20日後」に設定された納期なら「15日後」に、「8時間後」に設定された納期なら「6時間後」に提出するようなイメージです。また、1時間でアイデアを出さなければいけない場合は45分で出し切るようにします。

以前、50％の短縮にも挑戦したこともありましたが、これだとさすがに間に合わなかったり、さまざまなところに支障が出たりしたため25％に落ち着きました。

このくらいであれば、なんらかの工夫をすることで誰でも対応できるのではないでしょうか。人は、締め切りを設定されるとそのタイミングを意識して、なんとか帳尻を合わせようと動くものです。これは人間の習性といえるのかもしれません。

とはいえ、最初のうちは「難しい」「守れる自信がない。私はそんなに意志が強くないから……」と感じる人も多いと思います。

それを解消する方法の1つが、他人との約束を作ってしまうことです。

会社が終わったあとに、友人との会食や習い事、演劇・映画鑑賞など、なんでもいいのですが、他者との予定を入れてしまうのです。

他人との約束があれば、「遅れると先方に迷惑がかかってしまう」とか「お金がもったいない」と感じて、ますます必死になるものです。

自信がないという人はぜひ、試してみてください。

11 打ち合わせは立ったましろ

前節では、自らを必死の場所に置くための「25%ルール」についてお伝えしました。しかし、それだけでは足りません。**締め切りを設けるだけでなく、「仕事をする環境」においても自らを必死の場所に置いてしまいましょう。**

私がトヨタからIT企業に移ったばかりのころ、悩んでいたことがありました。それは、じっくり腰を据えて仕事をしていると、つい考え込んでしまったり、打ち合わせを長引かせてしまったりすることです。

これはどうしたものか、と悩んだ末、私は「働く環境を変えてしまおう」と考えました。具体的には、「座っているからダメなんだ！　立って仕事をしよう！」と考えたのです。

まず、取り組んだのは、立ったまま打ち合わせをすることでした。これは、トヨタの現場でやっていたことを応用したものです。

トヨタの現場の打ち合わせは、ほとんど立った状態で行われていました。作業中の打ち合わせですから当然といえば当然です。当時はあまり意識していませんでしたが、よく考えてみると、**立った状態でやっていたからこそ、ムダな話もなく短時間で終わっていたのだと思います。**

これを取り入れたことで、打ち合わせにかかる時間を劇的に減らすことができました。

あとで知ったのですが、こういった施策は、キヤノン電子の酒巻久社長が「イスに座らない職場」を提唱されているなど、世間からも注目されている仕事のやり方だったようです。

また、WEBサービスを提供する「株式会社はてな」の開発会議も有名です。実際の様子をテレビで見たことがありますが、会議では全員が立ちながら議論をしていました。

会議中にウトウトしている人や、スマホでメールを書いている人を見たことは数えきれません。**このような人がいるということは、本人が悪いのではなく、会議にムダが多い証拠です。**

長時間立っているのは誰にとっても辛いことですから、ムダな話が減るうえ、早く終わらせようとして議論も活発になります。全員が集中して、より短時間で結論を出そうとするようになり、生産性の高い会議になるのではないでしょうか。

まさに「自らを必死の場所に置け」という発想です。

12

会議では代案がないなら反対するな

前節で会議のやり方に関する話に触れましたが、ここでもう1つ、会議をより効率的に、より建設的にするための方法をお伝えしておきます。

トヨタには「代案もないのに反対するんじゃない」という言葉があります。意見に反対するのであれば、「それよりもこっちのほうが」と必ず代案を出すべきだということです。

たとえば、企画出しの会議の際、誰かがアイデアを出すと「それは違うと思うなぁ」とか「それはムリだと思いますよ」と反対する人がいます。

このような人がいると、徐々にアイデアを出しづらい空気になっていき、誰も発言しなくなる。結局時間だけがムダに過ぎていって、何も決まらずに終わる。

こんな会議に出たことがあるという人も多いと思います。これでは、時間がいくらあっても足りません。

誰かの意見に反対するだけなら小学生でもできます。ビジネスパーソンとして会議をするのであれば、ゴールに向かって前に進まなければなりません。反対意見ばかりで会議にブレーキをかけてはいけないのです。

会議の目的は、問題に対する解決策を見つけたり、みんなで考えることで、ひとりで考えるより早く、新しいアイデアを見出したりすることです。そのためには「反対」ではなく、アイデアともいうべき「解決策」を示さなければいけません。

もちろん、いっさいの批判や指摘をしないのが、建設的で効率のいい会議であるというわけではありません。反対意見も重要です。

たとえば私自身、社長がいったことに誰も反対せず、トントン進んでいく会議にも参加したことがありますが、そんな会議でいいアイデアなど出るはずもありません。

権力のある人が強引に物事を進めていくことは、時に必要な場面もありますが、周囲がイエスマンばかりでは会議として成立しません。

そういった会議では、終了後、参加していた社員同士が喫煙所などで井戸端会議をしている姿をよく見かけました。話に耳を傾けてみると、そこで出てくる反論が非常に的を射ていたり、決定したことよりいい代案が出たりするなど、なんとも皮肉な状況だと感じることも少なくありませんでした。

会議では一方向ではなく、さまざまな方向からの視点も必要になりますから、反対意見を出す必要はあります。ただ、それだけで終わると何も生まれませんから、反対意見と合わせて最善だと思う代案を出しましょうということです。そうすることで、最初に出された案も深みが増していくはずです。

「代案」といっても、しっかりしたものでなくてもかまいません。

まずは、たくさんの意見を発散させ、そこからどれがいいかを選んで収束させていく。**この〝発散→収束〟の流れが「いい会議」のポイントです。**

アイデアを出すための過程として、最初のフェーズが「発散」です。この段階では、質よりもとにかく量にこだわって意見を出していきましょう。もちろん反対意見を出すときは、代案もセットにすべきですが、その際はアイデアベースでかまいません。

ある程度のアイデアが集まったら、それらを取捨選択しながら合意形成をしていくフェーズが「収束」です。

ここから先は、新しいアイデアを出すのではなく、これまで出たアイデアのなかから適切なものを選んでいきましょう。ですから、この段階では「代案」に関しても、これまで出たアイデアのなかから選ぶということになります。これなら提案しやすいのではないでしょうか。

あなたがファシリテーターではなかったとしても、会議に参加する際には、「この会議は今どのフェーズにあるのか」を意識しながら、適切に意見を出していきましょう。

会議では、参加者の一人ひとりがこういったことを意識して成果を挙げていく必要があるのです。

13

「考える時間」を劇的に短縮する「三現主義」とは？

企画のアイデアを練る。新しい仕事のやり方を考え業務改善につなげる。新商品の売り方を考える……。こういった「考える仕事」は、時短とは縁遠いものと思っている人も多いと思います。

しかし、トヨタをはじめ、モノづくりをしている企業に幅広く取り入れられている「三現主義」という考え方を活用すれば、これまでより短い時間で、新しい企画やアイデアを生み出すことができるようになります。

三現主義とは、「現地・現物・現実」の頭文字をとった言葉で、「現地にいって」「現物を見て」「現実を知る」ということです。

企画や提案など、新しいアイデアをいかに短い時間で生み出すかということを考えるときも、やはり「現場」がキーになります。

「いやいや、そこはネットでしょ」と考える人も多いかもしれません。たしかにインターネットを使えば、あっという間に数多くの情報にアクセスできますが、現場を知らないような教科書的な企画や提案は、必ずといっていいほど却下されてしまうものです。

却下されたらまたインターネットで調べ直して再提出。しかし再び却下される……、このようなサイクルを繰り返すくらいなら、時間をかけてでも一度現場に足を運びましょう。いかなる仕事であっても、魅力的な提案をするためには、必ず現場の血が通った「生の声」を盛り込むべきだと思います。

「生の声」とは、たとえばお客様のリアルな声だったり、そこで働く従業員の声だったり、職種によってさまざまです。わざわざ大規模なアンケートを実施する必要はありませんが、自分自身で現場に存在する「3つの不」を中心に聞いてまわれば、いいアイデアが浮かんでくるはずです。

「3つの不」とは、「不満」「不安」「不便」のことです。

現場から漏れる「3つの不」をかき集め、それを解消する案を考え、現場の代弁者となって提案に盛り込んでいくのです。そうすることで、説得力のある提案になっていくはずです。

実際、トヨタの上層部の人たちは、**「本当に重要な情報は現場にある」ということを強く認識しており、現場を直接見ること、そして現場にいる人に話を聞くことを重要視していました。**

私は現場側の人間だったので、現場にやってきた上層部の人たちから何度となく質問を投げかけられていました。そうやって現場の人から情報を引き出すことで、先入観やこだわりをいったん横に置き、ニュートラルで客観的な発想につなげていたのだと思います。

とはいえ、彼らはなんでもかんでも質問をぶつけていたわけではありません。今思えば、まず「一次的な仮説」を作ったうえで質問する内容を考えていたように思います。自分の頭のなかで作った一次仮説を相手にぶつけて相手の反応を見ることで、実情との差を確認していたように見えました。

また、私が勤めていたディーラーの営業担当者から、「現場の重要性」を教えてもらったこともありました。

営業担当者は地域別に分かれていたのですが、ある地域の担当者が売り上げが上がらず苦戦していたそうです。週末にフェアを行うのでその地域にDMを送付しても、来場予約の電話が少なく、いつもより反応が悪い。

そこで、その担当者は、三現主義の考え方にのっとり、その地域をくまなく歩いてみることにしました。すると、1軒の中古車販売店がひっそりとオープンしていたのです。しかも、オープンイベントをやっていたらしく、店内は思いのほか混雑していたといいます。そこでその担当者は、「ライバルは中古車だったんだ」ということに気づき、新車のメリットにフォーカスした手書きのチラシを作りました。こうした動きによって、徐々にお客様が戻ってきたのだそうです。

これは、実際に現地にいかなければわからないことでした。今の時代なら、もしかするとSNSである程度の情報は集められるかもしれませんが、100%確実に情報が得られるとは限りませんし、情報の真偽も判断しかねます。**情報に翻弄されてムダ**

に時間を費やしてしまうよりも、やはり現場に足を運んで話を聞いたり空気感を読んだりするというのは、迅速に結果を出すうえでも必要なことなのです。

時短から少し話は逸れますが、トヨタに限らず「現場主義」というキーワードを見聞きする機会が増えてきたように思います。その考え方は忘れてはいけないものだと強く思っています。

直接お客様に接する営業職はもちろんですが、広報や経理、お客様から遠い総務職まで、あらゆる職種や業務において「現場」が基点とならなくてはいけないと思うのです。また、管理職になっても、果ては経営者になっても現場感覚を忘れてはならないと思います。

もちろん「100%現場が正しい!」などというつもりはありません。机上で考えたものでも素晴らしい企画はありますし、会議での議論のなかでとんでもないアイデアが生まれることもあるでしょう。

しかし、現場感覚が欠落している企画や議論は、それがどんなに真っ当なものであっても、所詮は机上の空論であることに変わりありません。

厳しい言い方をしてしまうと、**仕事のできない人に限って「現場」というものを軽視している傾向にあると思います。**

私自身も、「現場のやつらはわかっていない」「本部がどれだけ大変だと思っているんだ」などと、現場と本部が衝突する構図を数多く見てきました。

また、「新人は一度現場に配属されるべし」などと、現場経験をただの通過儀礼のような位置づけにしている企業も見たことがあります。こう聞くと、一見まともなことをいっているように思えますが、その本質は、現場をただの「気合いと根性を試す場所」と捉えているように思えてなりません。

「三現主義」というのはけっして気合いや根性論ではありません。

現場は、どんな立場の人間にとっても、成果を出すためのヒントが眠っている場所であり、自己成長のチャンスが転がっている場所でもあるのです。

三現主義にのっとり「現場感」をしっかりと把握することが、あらゆる業務における原点であり、成果を出すための近道なのです。

第4章

圧倒的な時短を
実現する
トヨタの問題解決

01

考え方1つで問題解決のスピードは大きく変わる

第3章では、トヨタの考え方や心構えをあなたの仕事に取り入れ、時短を実現するための具体的なノウハウについてお伝えしてきました。

ここまで紹介してきた考え方を身につけ、ノウハウを実践していただければ、あなたの仕事は格段に速くなるはずです。しかし、それだけでは「時短に成功した」とはいえません。なぜなら、大幅に時間を短縮できる要素がまだ残っているからです。

それは、問題解決にかかる時間です。

仕事をしていると、誰しも問題にぶつかります。極端な話、さまざまな問題を解決することが、仕事そのものであるといってもいいかもしれません。

仕事で直面する問題は種類も大きさもさまざまですが、いずれにしても、それを解決しなければ仕事は前に進みません。仕事の時短を実現しようとするとき、「いかに短い時間で問題を解決できるか」というのは非常に重要なことなのです。

こう聞くと、「問題なんてそのときどきで内容が違うし、そもそもうまくいかないから〝問題〟なので、解決するのに時間がかかって当たり前。問題解決の時短なんてムリ」と感じる人も多いと思います。

しかし、トヨタの現場には、問題解決のやり方にも「型」がありました。これさえ身につけてしまえば、それがどのような問題であっても、解決するまでの時間を短縮することができるのです。

本章では、その「型」をあなたの職場で取り入れていただけるよう解説していきますが、それについて語る前に、まずは「問題に向き合う際のスタンス」についてお伝えしましょう。


あなたは、仕事上の問題が起きたらどう感じるでしょうか。「参ったなぁ、最悪だ」とか「なんで私ばっかり？」とか、憂鬱な気持ちになる人が多いのではないかと思います。

トヨタには昔から、「危機はチャンスなり」という文化がありました。問題にぶつ

かることは「運がいい」「厳しい局面を自分の力で乗り越えられるかを試せる絶好のチャンス」だと捉えているわけです。

実際、私が働いていた現場でも、それまでに誰も対応したことのない整備トラブルに遭遇すると、みんな喜々として対象となる車を取り囲んでいたのを思い出します。こういった思考は、もちろん時短にも役立ちます。**プラス思考になることで、ムダな悩みや迷いがなくなり、仕事の効率と質が上がるからです。**

さらに、問題に向き合うスタンスが確立されると「仕事が楽しくなっていく」というメリットもあります。仕事が楽しくなれば、もちろん人生そのものが楽しくなります。

とはいえ、これだけでは、「問題」に対してどのように考えればいいか、よくわかりませんよね。そこで次節では、私がトヨタで学んだ、問題との向き合い方についてお伝えしていきましょう。

02

問題は、「解決する」と決めた人だけが解決できる

ここまで読んで、「問題が起こったときに〝運がいい〟なんて思えないよ……」と感じた人も多いと思います。その気持ちはよくわかります。

問題が起こったときにネガティブな感情が湧いてくるのには理由があります。

その1つは、第2章でも解説した「できない理由」を並べ立ててしまうことです。

しかし、そんなマイナス方向へパワーを費やしても、その時間はムダでしかありません。

人生で起きることはクイズやテストのように、決められた正解などありません。正解がないわけですから、自分がいいと思う方向へ踏み出してみるしかないのです。

「間違えてしまった理由はこうじゃないか」とか「なんとなく正解が見つかってから動くようにしよう」などと考えていたら、問題は永遠に解決できず、現状は何も変わ

りません。**できない理由を考える前に、「どのようにすれば解決できるか?」と考え、工夫しながら試し続けることが大事なのです。**

とはいえ、私自身にも苦い経験があります。

あまり思い出したくない話ですが、トヨタの現場で働いていたとき、お客様の車をぶつけてしまったことがあります。修理でお預かりした車の整備が終わり、お客様のご自宅まで届ける最中に、電柱にぶつけて傷をつけてしまったのです。当然、お客様には謝罪をして、無償で修理する旨を伝え、納期を遅らせてもらいました。

その後、ディーラーの店長に呼び出されたのですが、私はなんらかの処分を覚悟していました。納期も守れず、余計な傷までつけてお客様にご迷惑をおかけしたのですから、「停職」などの処分があっても仕方ないだろうと考えていたのです。

しかし、店長は私の目を見ながら「さて、再発防止をどうしようか」といってきたのです。そう、店長も「どうすれば問題を解決できるか?」という思考で物事を捉えていたのです。

「ぶつけてしまった言い訳」をいくつか話そうと考えていた私は、途端に恥ずかしくなりました。そして、緊張が解けたせいか膝から崩れ落ちてしまったのを今でも覚えています。それ以降、私は同じような問題を起こすことはありませんでした。

不思議なことに、どんなに難しい問題でも、「できる」という前提で考えると、いくつもの選択肢が出てくるものです。

たとえば、あなたが急に海外で商談をすることになったとしましょう。

1カ月後に英語で商談をしなければいけないけれど、あなたはまったく英語が話せない。そんなとき、あなただったらどう考えるでしょうか。

「英語ができない理由」を考えても仕方ありませんよね。「自分には商談ができない理由」を探すのではなく「どうしたらこの商談を成功させることができるか」を考えるのです。

すると、英語ができないなら「英語ができる人に通訳を頼む」とか、通訳が見つからなければ「オンラインの通訳サービスを探す」とか「アプリを探してみる」などいくつもの選択肢が出てきます。

問題解決というのは結局のところはそういうことで、**解決すると決めた人だけが解**

決できるわけです。

問題は必ず解決できるものです。「どうすれば解決できるか」という思考を忘れずに、正面から取り組んでいきましょう。

また、これ以外にも、**問題解決を阻害する思考のパターン**があります。

これは、トヨタの考え方ではありませんが、アメリカの自己啓発の分野で「3つのP」としてよく語られていることですので、少し紹介してみましょう。

あなたも、問題に直面したとき、次の「3つのP」に陥っていないか、振り返ってみてください。

❶Personal（パーソナル＝個人的）

問題が起きた際、「なぜ、私ばかりがこんな目に……」とか「また自分か……」などと自分を強く責めてしまうと、精神的にも辛くなってしまいます。

「自分に責任があるから改善をしよう」と前向きに捉えるのであればいいのですが、自分を「攻撃」する必要はありません。

どんな人でも、同じように問題が起きる可能性があります。一見、何もかもがうまくいっているように見える人も、じつは同じような壁にぶち当たり、人と衝突したりして悩んでいるものです。

「自分だけが」などと考えて思い悩んでしまうのは非生産的な時間ですから、やめましょう。

❷Pervasive（パーベイシブ＝全体に及ぶ）

ほんの些細な問題を「大きな問題だ」と大げさに考える人がいます。しかしその問題は、たまたま職場のなかのひとりだけが口にしていることかもしれません。

それを「わが部署の問題だ」「会社全体の大問題だ」などと、必要以上に大きくしてしまうことは、新たな問題を自ら作り出すことにもつながり、非生産的です。

❸Permanent（パーマネント＝永久性）

これは、その問題が一時的なことであるにもかかわらず、まるでこの先もそれがずっと続いて、永遠に抜け出せないかのように考えてしまうということです。

会社で起きることは、その多くが流動的であり、時間の経過とともに対処の方法も変わっていくはずです。その状況が一生続くわけではありませんから、気持ちを軽くして問題に向き合っていきましょう。

ここで紹介した「3つのP」のような考え方をする人は案外多いものです。しかし、繰り返しになりますが、どんな問題でも必ず解決するための方法は存在します。

ここでお伝えしたような思考のワナに入り込んでしまっていると感じた人は、まず、意識を変えることからはじめることをおすすめします。

03

問題は小さいうちに対処せよ

日本人には、真面目で責任感の強い人が多いという特徴があります。だからこそ戦後、大きな経済成長を遂げることができたわけですが、その特徴が仇となってしまう局面があります。

その1つが、問題が発生したときです。

責任感の強い人は、業務でなんらかの問題が見つかると、なんとか自力で解決しようとします。しかし、これが問題解決をさらに遅らせる原因となり、ムダな時間や残業の増加につながってしまうケースが多いのです。

問題発生時に重要なのは、それを「いかに素早く察知するか」ではないでしょうか。

ですからまず力を入れるべきは、前述した「見える化」であり、そのための仕組みを作ったり、コミュニケーションを活発化したりすることでしょう。

つまり、**「現場で問題が出たらすぐに把握できる仕組みを整える」とか、「スタッフが声を上げやすい雰囲気を作る」ということが重要なのです。**

では具体的に、問題を早期発見するためにどんな仕組みを作り上げるべきなのでしょうか。それは、「手を挙げやすくする」ための仕組みです。

トヨタには、これを実現するための「アンドン」という仕組みがあります。

これは、トヨタの工場の製造ラインに吊り下げられている掲示板のことで、どこからでもひと目で、各工程や機械の稼働状況、目標に対する現状の成果数などがわかるよう、数値やランプが表示されるようになっています。

ちなみに、語源は照明器具の「行灯」からきています。

アンドンは有名な仕組みなので、ご存じの方も多いのではないでしょうか。

私も実際に見にいったことがありますが、限られた見学時間のなかでも、アンドンのなかの数値は刻々と変化していました。

私が見学したのは、「アッセンブリープラント」と呼ばれる、数千種類の部品を組み立てる工場でしたが、アンドンはそれぞれ各ラインの中央に掲示されていました。

担当者が製造工程で何か問題を見つけると、頭上にあるひもを引っ張ります。それがスイッチとなっており、アンドンの警告ランプが点灯するというわけです。

ランプには、緑、黄、赤の3種類があり、緑が「異常なし」、黄が「異常発生」、赤は「ライン停止」を表しています。そして、黄色のランプが点灯すると、チームリーダーが現場に駆けつけ、その問題を一緒に解決し、赤のランプが灯ると、ラインが停止する仕組みになっているのです。

「工場のライン」と聞くと、常にスムーズに流れているものと考えてしまいがちですが、けっこうな頻度で黄色ランプが点灯していることに驚かされました。つまり、**些細な問題でも、発生したらすぐに「アンドン」で手を挙げるという動きが徹底されているわけです。**

こう聞くと「些細な問題で、いちいちラインを止めていたら、時間がいくらあっても足りないじゃないか」と感じる人もいらっしゃることでしょう。

しかし、それは逆で、**問題が小さいうちに対処しておけば、解決に時間のかかる大きな問題が起きる確率が下がり、業務が効率化され、それが残業を減らすことにもつ**

ながるのです。 ちなみに、私が見学した工場の製造ラインは、ランプが点灯しても数分後には警告表示が消えて、また元のように稼働していました。

この「問題が発生したらすぐに知らせてオープンにする」という仕組みは、**「不良は目の前に出せ」** という、トヨタに昔からある考え方に基づいています。

多くの企業ではミスが歓迎されていませんから、工場でいうなら作業者は「ラインを止めないこと」が求められています。しかしこれでは、ミスが発生しても手が挙がりにくくなってしまうリスクがあります。さらに、ノルマまで課されていたりすると、「ノルマを達成するためには、何があってもラインを止めてはならない……」という考え方が定着してしまいます。

そうなると、「もしかしたら問題なのでは?」ということでも、そのままスルーしてしまうのが当たり前になり、それが積み重なると、いわゆる「企業の不祥事」として、ニュースに取り上げられるような事態にまで発展してしまうのです。

ここまで問題が大きくなってしまったら、それこそいくら時間があっても足りないくらい、解決に時間がかかってしまいます。

トヨタでは、このようなことを起こさないためにも、アンドンを引っ張って「不良を目の前に出すこと」を推奨し、業務を円滑にしているわけです。

また、「不良は目の前に出せ」という考え方を実践して、業務効率を高めている現場には、「作業を細分化している」という特徴があります。

1つの作業を1週間単位や数日単位など、長いスパンで設定していると、問題に気づくのが遅れてしまいます。不良を目の前に出しやすくするためにも、タスクを細分化する必要があるのです。タスクを細かく分割することで、作業が停滞していればすぐに気づいて手を打つことができます。

こういった取り組みを複数のプロジェクトで行ってその結果を検証すると、さらに効果を高められます。

また、タスクを細分化したら、それぞれ時間を測定するのもいいでしょう。全体の流れには問題がなくても、基準時間をオーバーしていないかどうかをチェックするのです。**そうすることで、プロセス全体を遅らせる「ボトルネック作業」を特定するこ**

とができます。

イスラエルの物理学者、エリヤフ・ゴールドラットの名著『ザ・ゴール』（ダイヤモンド社）をご存じでしょうか。この作品は「TOC（Theory of Constraints＝制約条件の理論）」について紹介した本なのですが、このなかにも、**「ボトルネックで失った1時間は、プロセス全体の1時間を失ったに等しい」**と書かれています。

全体の時間を遅らせないためには、ボトルネックを見つける必要があります。

そして、ボトルネックを見つけるためには、タスクを細分化し、見える化を図って「不良を目の前に出す」必要がある、ということなのです。

04

「その場しのぎ」では問題は解決しない。根本原因を追及せよ

多くの人は煩雑な問題にぶつかると、つい「とりあえず目の前の問題に対処しよう」と、思いつくまま手をつけて「その場しのぎ」をしようとします。思いあたる人もいるのではないでしょうか。

しかし、これでは同じ問題が再発してしまい、いつまで経っても問題を解決することができず、何度も対応に追われ、トータルで考えるとものすごい時間を消費してしまうことになります。

たとえば、部屋のなかでいつもタンスの角に足をぶつけてケガをしてしまうとします。指の皮も擦り切れて、血が滲み出てきました。

そんなときに、「いくらぶつけてもいいように、絆創膏をたくさん買っておく」という対応でいいのでしょうか？　絶対によくないですよね。しかし、日々の仕事では、

こういった「その場しのぎ」の対応をしている人がとても多いのです。

これでは、ケガをするたびに絆創膏を貼る時間を取られてしまいますし、絆創膏を購入したり、ストックしたりするためのコストもかかってしまいます。

問題解決にかかる時間を圧縮したいのであれば、「どうしたらタンスの角に足をぶつけないですむか」と考える必要があるのです。

トヨタの現場では、このような状況を皮肉交じりに**「モグラ叩きをするな」**と呼んでいました。農作物を大事に育てていたのに、モグラが出てきて荒らされてしまった。そんな「問題」に直面したときは、「モグラを叩いて追い払う」だけではダメだ、もっと本質的な対策、たとえば、「モグラが住みつかないための環境整備」について考えよということです。

問題の根本原因を追及するための方法については次節で解説しますが、ここでお伝えしたいのは「モグラを叩いて追い払う」ような、場当たり的な対応はやめましょう、ということです。

この考え方を、「残業の削減」という問題解決に当てはめてみましょう。

残業が増える原因にはさまざまなものがあり、その原因によって取るべき対策は異なります。

たとえば、社員やスタッフのスキル不足のために残業せざるをえない状況に陥っているのであれば、スキルアップのための教育を行うなどの対策が必要です。また、そもそも時間内に終わるはずのない量の仕事が課されている場合には、人員の増加か、作業の効率化を検討しなくてはなりません。

残業時間が増えている真の原因を見極めないまま、場当たり的に「削減だ、削減しろ」と騒ぎ、「ノー残業デー」などの施策を取り入れたところで、効果を上げることはできません。

問題解決には、その根本原因を見極めたうえで、適切な対策をとることが重要なのです。

05

「なぜを5回」で問題の根本原因に迫れ

「モグラ叩きはするな」という言葉の意味は理解していただけたと思います。

では、場当たり的な対応をしないための「問題の根本原因」をどうやって追及すればいいのでしょうか。

問題には必ず「それを引き起こすことになった原因」が存在します。

たとえば、会社で毎朝のように、遅刻をしてくる若手社員がいるとします。彼は、なぜ遅刻をしてくるのでしょうか。彼が遅刻をするという問題に対して、原因は次のようにいくつも思い浮かぶと思います。

・朝起きるのが大の苦手で、目覚まし時計をかけても無意識のうちに止めてしまう
・段取りが悪く、朝食や着替えに時間をとられすぎて家を出るのが遅くなっている

・バスや電車などの交通機関が頻繁に遅れる地域に住んでいる

このように、「遅刻が多い」という1つの問題であっても、考えられる原因はいくつもありますし、まったく異質の複数の原因が同時に組み合わさっていることも考えられます。**ですから、問題の根本原因を考える際にまずすべきことは、幅広く可能性を考えたうえで、真の原因を見つける「絞り込み」を行うことであるといえます。**

また、問題の原因は階層構造になっているのが一般的ですので、その点にも注意すべきです。

たとえば、「毎日決まった時刻に起きることができない」という現象の背景には、「毎晩寝るのが遅い」という原因があり、さらに寝るのが遅いのは、「毎晩仕事のあとに飲み歩いている」のが原因だったりします。

毎晩飲み歩いてしまうのは、「何か悩みがあって気を紛らわしたい」という思いがあるせいかもしれません。こうなってくると、遅刻をやめさせるには「その人の抱える悩みを聞き出して解決してあげる」ことが必要になるわけです。

このように問題が階層構造になっているのであれば、原因を深掘りし、根本原因を突き止めたうえで対処すべきなのです。

先ほど「モグラ叩きをしているケースが多い」と書きましたが、遅刻をしてくる若手社員に対して「もっと早くこいよ！」などと毎日叱責したところで、なんの解決にもならないわけです。

さらに「これ以上遅刻したら減給だぞ！」と厳しく接しても、状況は悪くなるばかりでしょう。

同じように、売れない人に「頑張って売れ！」とハッパをかけてもムダですし、残業ばかりで家に帰れないのに「早く帰れ！」と無理やり帰らせても、本当の意味での問題解決にはなりません。

問題を引き起こす根っこをきちんと把握して対処しなければ、問題が別の形で現れてしまうからです。

仮に、先ほどの遅刻が多い若手社員に、先輩が気を利かせて「いい目覚まし時計があるんだよ」と大音量の目覚まし時計をプレゼントしたところ、遅刻が減ったとします。しかしこの解決策では、短期的には遅刻を防いでくれるかもしれませんが、彼の抱える悩みは解決できていません。それを放置していれば、やがては体調を崩して仕事の効率が下がってしまったり、最悪の場合、仕事ができなくなってしまうかもしれないのです。

ですから、問題の「絞り込み」と「深掘り」で問題が発生する根本原因を明らかにし、本当に対処すべきことがなんなのかを特定しなければならないのです。

トヨタには、これを具現化した言葉があります。それは、**「〝なぜ〟を5回繰り返せ」**というものです。

これは「なぜなぜ分析」とも呼ばれており、その名のとおり、発生した問題の原因を探るために「なぜ?」をぶつけていくものです。

「なぜ?」「なぜ?」と論理的かつ客観的に問題を掘り下げ、隠れた根本原因を見つけ出すというわけです。

この考え方は、もともとトヨタをはじめとする製造業を中心に広がった手法ではありますが、最近ではＩＴの現場などホワイトカラーの職場にも浸透しつつあります。

ここで、先ほどの若手社員の問題をもう一度考えてみましょう。


「遅刻が多い」

「なぜ？」

「朝早く起きることができないから」

「なぜ？」

「寝るのが遅いから」

「なぜ？」

「毎日遅くまで飲み歩いているから」

「なぜ？」

「仕事で悩んでいるから」

「なぜ？」

「なかなか成果が挙がらず、みんなに迷惑をかけているから……」


このように、「なぜ？」を5回繰り返すと、若手社員が毎日遅刻する根本原因が見えてきます。

この場合、上司や先輩は、若手社員の成績が上がるよう、自分の成功体験を伝えたり、これまで以上に話を聞く機会を増やすなどの解決策を考えればいいわけです。

こう考えると「目覚まし時計をあげる」という行為がいかにムダであるかということがよくわかると思います。

この考え方は、あらゆる問題を解決するための基本原則といえます。

インターネット通販大手Ａｍａｚｏｎの創業者であるジェフ・ベゾスも「トヨタ流」の考え方に感銘を受けている経営者のひとりですが、この「なぜ5回」についていは、とくに重宝していると、ある雑誌のインタビューで答えていました。

この考え方が、日本はもとより世界でも活用が進んでいる背景には、「問題の複雑化」が挙げられます。

昨今はたった1つの仕事でも、ＩＴシステムやツール、人間の感情など、さまざまな要因が複雑に絡み合うケースが増えてきました。そうなると、問題の分析がより難しくなってきます。このような状況を打破する手段として、「なぜ5回」に注目が集まっているのだと思います。

また、以前「なぜ5回」の考え方を積極的に活用している企業にお話を聞いたことがありますが、その理由はたんに「早く問題を解決したい」ということだけではありませんでした。

実際、これまでお話を聞いた企業の方々は、大きく分けて次の5つの背景があって「なぜ5回」に取り組んでいるといっていました。

1. 問題に対して早期に対策をしたいから
2. 問題に対して最も適切な解決策を見出したいから
3. 問題の再発を確実に防ぎたいから
4. 対策の正当性を示して上司を納得させたいから
5. 顧客から問題の原因を説明するよう求められることが多いから

「なぜ5回」の目的は本来、問題の真の原因を見つけ、それによって「再発を防止する」ことです。しかし、それだけでなく、周囲への説得材料として使われているケースも多いのです。

たしかに、社内の課題や顧客の課題が明確になれば、それを明文化してあげることで新規サービスの提案につなげることができそうですよね。いずれにせよ、仕事のスピードは上がっていくはずです。

私たちは日々、さまざまな問題に直面し、その解決を迫られます。

本章の冒頭でもお伝えしましたが、**日常のあらゆる業務は、すべて「問題解決をしている」といっても過言ではありません。**

その問題解決にかかる膨大な時間を削減するために、ぜひ「なぜ？」と考える習慣をつけてください。

それによって、分析思考の習慣が身につきますから、余計な問題をそぎ落とすことができます。

余計なことを考えず身軽になれば、本来やるべきことに集中できるようになり、あなたの仕事は劇的に速くなるはずです。

06

4つのスタンスで問題に向き合うと、短時間で解決できる

本章の最後に、私自身がトヨタで学んだ、「問題に向き合うためのスタンス」を4つ紹介します。ぜひ、あなたもご自身の日々の仕事に取り入れていただきたいと思います。

❶問題は新しい学びのチャンスと考え立ち向かう

仕事のなかで、日々目標を設定しながらチャレンジしていると、思ったとおりに仕事が進んでいくことは、じつはそれほど多くありません。失敗に遭遇した際に気づきを得て、それが成功につながったという例のほうが多いのではないでしょうか。

つまり、失敗のなかには、「私たちが問題に直面するまで気がつかなかったチャンス」が潜んでいるのです。ですから、失敗を「戦う価値のあるもの」と捉え、「失敗

のなかに何かチャンスがないか？」と思考を巡らせることが大切なのです。

それにもかかわらず、大抵の人は問題が起こると不幸なことが起こったと錯覚し、身動きが取れなくなってしまいます。そんなときこそ立ち上がって戦いましょう。そこで踏み出す一歩は、とても価値のあるものなのです。

❷問題には「これまでの常識から離れて」向き合え

問題に向き合うとき、頭に浮かぶ解決策の選択肢は、過去の経験や自身がこれまで見てきたものでしかありません。「過去にこんなことをやったらうまくいった」とか「こんなお客様が買ってくれた」など、成功体験から導かれた選択肢だということです。

トヨタでは、問題が起きたときによく**「白紙でものを見ろ」**といわれます。

逆境に遭遇しているということは、ある意味、「過去の成功体験の延長ではうまくいかない」ことを示すアラートなのです。この「アラートの意味」を素直に受け入れないといけません。

もちろん、「白紙で解決方法を考えろ！」「常識外の発想をしろ！」と急にいわれても、すぐにできるものではありません。それが簡単にできるようなら、そもそも逆境などとは、出くわさないのかもしれません。ですから、目の前の問題点に、より早くチャレンジして、「失敗する」ことが重要になってきます。

失敗するということは、想定していたやり方が通用しなかったということですから、これまでの解決方法や常識をいったん忘れてぶつかっていかざるをえないのです。

どんどん失敗しながら問題に向き合っていきましょう。

❸ピンチのときほど行動量を増やせ

ピンチに直面した際に陥りがちなのが、「悩む時間が増えてしまうこと」です。「どうしてうまくいかないんだろう？」などと悩み続けて、時間だけが過ぎてしまうのは非常にもったいない。

自分では「前向きな対策を考えている」つもりでも、気がつくと後ろ向きな想像ばかりして落ち込んでいる、ということもよくあるものです。

「巧遅より拙速」のところでも書きましたが、そんなときほど「行動」が必要です。もし、ピンチに陥ったと感じたら、意識的に通常の倍以上動いてみましょう。

そうすれば、悩んでいるヒマなんてなくなりますし、徐々に状況が変わってくるはずです。

繰り返しになりますが、行動しなければチャンスはつかめません。ムダに落ち込んでせっかくのチャンスを逃してしまうことのないように、ピンチのときこそ積極的に動いていてチャレンジしていきましょう。

❹最後の最後に、少しだけ爪先立ちをしろ

私たちが成長するためには、限界を超えていくしかありません。

これまでできなかったことができるようになり、それが当たり前になっていく。「これまで」を超えるために、どれくらいの努力が必要なのかは誰にもわかりません。もうひと踏ん張りすれば大きく成長するのに、その最後の一歩を踏み出す前に諦めてしまうということも多いのではないでしょうか。

限界を超えることは、簡単ではありませんが、くじけそうになったときこそ、最後の最後に爪先立ちをするつもりで、もうひと踏ん張りしてみましょう。

ぜひ目の前の問題やピンチをとおして限界を超え、未来を切り開いていきましょう。

第5章

短時間でチーム全体の生産性を上げるトヨタの仕組みとは?

01

ミスやり直しのムダが激減する「自工程完結」とは？

ここまで、私がトヨタで学んださまざまな考え方やノウハウをベースに、あなたが時短を実現するための方法について解説してきました。

しかし、リーダーや管理職の立場にいる人のなかには、「私だけの仕事が速くなっても、部下の仕事が速くならなかったら、結局残業は減らないよ」と感じている人もいるかもしれません。

たしかに、どれだけ個人の生産性を上げても、チーム全体の生産性が上がらなければ、組織としての成果は出しづらいものです。そこで本章では、トヨタの考え方や仕組みを使って、「チームとして成果を出すための方法」について解説していきます。

まず参考にしていただきたいのは、**「自工程完結」**という仕組みです。

「自工程完結」は、もともとトヨタの現場における品質管理の仕組みで、1つの工程をいくつもの項目に分解することで、不良が出た際「どこに原因があるのか」がすぐにわかるようにするためのものです。これにより問題が起こりづらくなるうえ、各工程の担当者一人ひとりが自分の工程で起こった問題を把握できるようにもなります。

さらに、現在この自工程完結の仕組みは、製造現場だけでなくトヨタのオフィス部門などにも取り入れられています。そのため、活用のされ方や仕組みに対する捉え方は部門によってさまざま。社内に広がるにつれ、多様性を持ちつつあります。

私は、オフィス部門における自工程完結を次のように定義しています。

トヨタにおける〝仕事の質を向上させるための考え方〟の1つで、「いい仕事をするためには、どうすればいいのか」ということを科学的に洗い出すことで、「ミスやり直しをなくす」ことを狙ったアプローチ全般。

製造現場における不良品という概念を、仕事上の「ミス」や「やり直し」に置き換えて考えているわけです。

ちょっとわかりにくいと思いますので、上司が部下に指示を出すというシチュエーションで考えてみましょう。

上司が部下に対して仕事の指示を出す際、「この報告書を書いて」とか「これコピーして」など、断片的な作業内容だけを伝えることが多いものです。上司としては、「やってほしいこと」の要点だけをうまく伝えているつもりなのかもしれません。もしくは、忙しいから「指示に要する時間」をできるだけ短くしたいのかもしれません。

しかし、このやり方は、「自工程完結」で考えるとNG。このような指示のしかただと、結果的に余計に時間がかかってしまうことのほうが多いからです。

これは、なぜなのでしょうか？　じつは、この問いに対する答えをあなたはすでに持ち合わせています。

第1章の冒頭で「目的を把握することの重要性」についてお伝えしました。これがオフィス部門における自工程完結の考え方そのものなのです。

上司が部下に仕事の指示を出し、部下がその仕事を完了させるまでの一連の流れを分解し、ミスややり直しが発生する理由を分析すると、その原因は「指示の出し方」にあることが多いのです。

自工程完結の考え方にのっとって、仕事の指示を出す場合には、必ず「背景」を一緒に伝えるべきでしょう。

「背景」というのはおもに3つで、「その仕事の目的」「その仕事の重要性」「その人に頼む理由」です。

たとえば、上司が部下に報告書を書くよう指示する場合、まず「今から書いてもらう報告書をもとに、来期の戦略を決定していく」というように、その報告書の目的を話します。そのうえで、「この報告書の内容によって、来期の戦略が変わってくるから、できるかぎり正確な情報を書いてほしい」と重要性を伝えます。

さらに、「これは、現場のことを誰よりもよく知っている君に任せたいんだ」と、頼む理由も伝えます。

このように、仕事の背景を伝えることで、上司と部下の間の行き違いがなくなりミスやり直しが減るうえ、指示を受けた人の心象がまるで変わってくるのです。

この3点をしっかり伝えながら指示すると、行き違いによるムダな時間が減ると同時に、部下は「重要な仕事を任された」「自分は信頼されている」と感じてモチベーションが上がります。モチベーションが上がれば仕事のスピードも速くなりますから、結果的に時短にもつながるわけです。

この考え方は、部下の側も意識すべきです。仕事を請ける際、この3点を確認してから着手すべきだということです。

たとえ、「これをやっておいて」という、シンプルな指示だったとしても、「この仕事の背景はなんだろう」と十分に考え、わからなければ質問し、上司の思惑とズレがないようにしなければいけません。

指示を出した上司と、指示を受けた部下の間にギャップが生じると、おたがいの時間と労力がムダになってしまいます。逆に、**このギャップを埋めることができれば、最小の時間と労力で、最大の成果を生み出すことができるのです。**

指示を受けたときに、わからないことがあれば、自分のなかで勝手に解釈してしまうのではなく、遠慮なく上司に質問しましょう。

この考え方をチームで共有すれば、「こんなはずじゃなかった」というギャップがなくなります。それによって、やり直しなどのムダな作業をなくすことができ、チーム全体で時短を実現できるようになるのです。

02 上司と部下、メンバー間のギャップを埋め、チームで時短を実現する

上司と部下やメンバー間のギャップを埋めることは、あらゆる仕事を効率化し、チーム全体の時短を実現するのに役立ちます。

たとえば、部下に企画書の作成を指示する場合、企画書を作り終えてから提出させるのではなく、「事前に骨子を報告してもらう」ことが有効です。

全体の作成に取りかかる前に、「企画の目的」「企画概要」「想定されるリスク」「全体のスケジュール感」などを箇条書きで簡単に記したものを、「まずは骨子をお送りします」と上司や関係者にメールしてもらうのです。

さらに、「認識にズレがあるようでしたらご指摘ください」などと書き添えるように伝えておけば、関係者からなんらかの返信があるはずです。事前の打ち合わせで何もいってこなかった人が、じつは思いもよらない意見を持っていて返信をくれること

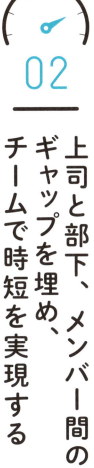

もあります。

部下からしても、時間をかけて企画書を完成させたのに、「いや、そういうことじゃないんだよね……」などと「ちゃぶ台返し」をされてしまうと、大きな時間のロスになってしまいます。そういったギャップを生じさせないためにも、事前に骨子を伝えてもらうことは重要なのです。

このようなギャップは、会議の場面でも起こります。それを埋めようとするだけで会議が終わってしまうのは時間のムダですから、まずは「準備」が大切です。

準備といっても大げさに考える必要はありません。**「事前のアジェンダ」と「会議のゴール」を伝えること、この2点だけです。**

アジェンダの配付は、すでにやっている人も多いと思います。もしやっている人でも、項目ごとの「所要時間」を記載しておくと、さらに会議を効率化できます。こうすることで、参加者全員が時間を意識するようになり、緊張感が増し、会議がスピーディーに進むようになるからです。

実際、ある急成長している企業の会議では、報告や発表に対する「ひとりあたりの持ち時間」を全員に意識させるため、ストップウォッチで計測しながら会議を進めているのだそうです。

また、「会議のゴール」を明確にしておくことも重要です。これを怠ると、ずるずると会議が長引いてしまううえ、大切なことが成り行きでなんとなく決まってしまうこともあるからです。

多くの場合、成り行きで決まったことは何もかもが曖昧で、うまく進まないものです。ですから、「イベントの概要と担当者を決める」とか「営業施策を5つ決定する」など、あらかじめ具体的なゴールを決めておき、それを参加者全員が共通認識として持ったうえで会議に参加すべきです。

ゴールが具体的になりにくい場合は、「いつ」「誰が」「何を」「どのように」という「3W1H」を基準に考えるといいでしょう。

ある調査によると、会議の時間が長いと感じている人は、ビジネスパーソン全体の約80%を占めるのだそうです。そして、会議に時間がかかってしまう原因の第1位は「事前に情報共有がされていないため」なのだとか。

会議の時間を短くするためにも、事前にゴールを設定したうえで共有することが大切なのです。

03

チームの力を最大化する「標準化」の徹底に取り組もう

チーム全体の生産性を高めていくための重要な手段として「標準化」が挙げられます。**標準化とは、マニュアルを作ったり、業務の形式や書類の様式を統一することによって、「誰がやっても同じ結果が出る」「特定の人でなくても業務を遂行できる」ようにするための仕組みです。**

トヨタでは、この標準化が徹底されていたため、人によってアウトプットの質が違うとか、誰かが休むと業務が停滞してしまうということがありませんでした。

どんなに優秀な社員がいたとしても、その人にしかできない「属人性の高い」の現場では、さまざまな支障が生じてきます。

なかでも、その人にばかり仕事が集まってしまい、負荷が高くなっているのに、誰もその社員を支援できないという状況は深刻です。

優秀な社員がボトルネックになってしまうことで、チーム全体の生産性を著しく低下させてしまうからです。

チーム全体で大量の仕事を短時間でこなそうとした場合、「周囲の力を借りること」が必要になってきます。

とくに自分が得意な業務に関しては、「自分がやったほうが速くて正確だから」という気持ちになってしまいがちですが、すべてを自分で抱えてしまうと、いつかムリが生じるものです。

だからこそ「いかにまわりの人に任せるか」「いかにまわりの人を巻き込むか」が重要になってくるのですが、その手段の1つが「標準化」といえます。

たとえば、特定の作業が得意な社員が、自分のやり方をマニュアル化し、誰でもできるようにしていく。まわりの人からよく企画について相談される優秀な社員が、自身の企画書の書式をフォーマット化し、チーム全員にシェアする。

そうすることでその仕事から解放され、本来その人がやるべき、成果につながる仕事に専念することができるようになったり、周囲の人がこれまで以上に成果を出せるようになるのです。

「誰がやっても同じ価値が出せる」とか「自分でなくてもできる」という仕事は、自分で抱え込むことなく、標準化によってどんどん外に出していきましょう。

そして、「その人がやることで価値が出ること」「その人にしかできないこと」に専念してチーム全体の成果を底上げしていくべきなのです。

04 チームの生産性を最大化する「使える」マニュアルの作り方

前節で、業務のマニュアル化の重要性についてお伝えしましたが、これはそう簡単なことではありません。私の知るある会社では、社員が担当業務のマニュアルを作ったのですが、ほかのメンバーは内容を理解することができず、結局、その業務を担当していた社員が毎度駆り出されるということを繰り返していました。

こういった状況を克服するためには、定期的にマニュアルに対する振り返りのミーティングを持つことが有効です。

マニュアルに書かれた業務を実際にやってみたメンバーが、「本当にマニュアルどおりに作業できたのか」「わかりにくいところはなかったか」などを振り返ります。

そこで、わかりにくい箇所があれば意見を出して、マニュアルを改良していきます。

こうすることで、マニュアルはどんどんブラッシュアップされ、やがて誰でも同じ業務を担当できるようになっていくのです。

また、マニュアルを作る際にぜひ盛り込んでいただきたいのが「作業時間」です。**マニュアルは、ただ手順どおりに進められればいいというものではなく、作成した人と同じ時間で業務を終えることができてはじめて効果を発揮したといえます。**

ですから、「どのくらいの時間で終えるべきなのか」ということを明確にしなければならないのです。

実際、トヨタの現場でも、整備の仕事に使うマニュアルにはすべて「作業時間」が明記してありました。どのくらいの時間でやるべきかが決まっていることで、「締め切り効果」が働き、作業が速くなっていくのです。

また、マニュアルを作るほどでもない作業については、「チェックリスト」を作成しておくといいでしょう。

たとえば、定例の社内イベント時にやっておくべきタスクをチェックリストにしておいたり、アイデア出しをする際に押さえておくべきポイントをチェックリストにしておいたりするのです。これは、何度も発生するタスクや行動パターンを、網羅的かつ効率的に処理するために有効な手段です。

チェックリストもマニュアルと同様、**なるべく多くの人が実際に使ってみて、「わかりやすいか」「追加したほうがいいチェック項目はないか」「不要な項目はないか」などを振り返り、ブラッシュアップしていくことが重要です。**

完成度の高いチェックリストができれば、マニュアルと同じく、簡単に第三者に仕事を任せることができるようになります。

ここまで、マニュアルやチェックリストについてお伝えしてきましたが、「標準化」の考え方は、それ以外に「書類作成の効率化」などにも応用できます。

たとえば、書きたいことを思いつくまま書き進めてしまうと、何を伝えたいのかがわからなくなってしまうことがあります。

これでは、書き直しのための余計な時間を取られてしまいます。そこで、書類作成が得意な人の構成をフォーマット化し、「基本構成表」のようなものを作っておき、そのとおりの流れで書いていくのです。企画書や提案書を作る際は、ゼロからやる必要はないのです。

企画書や提案書の「基本構成」を組み立てる際には、いわゆる「ＰＲＥＰ法」を応用することがおすすめです。ＰＲＥＰ法とは、簡潔で説得力のある文章を作るために使われるノウハウのことで、以下の4つの流れで物事を説明していきます。

- Point↓最初に、文章の要点を伝えるために結論を述べる
- Reason↓「Point」で述べた結論の理由を説明する
- Example↓「Reason」で述べた理由の裏づけとなる、具体的な例を説明する
- Point↓文章のまとめ部分で、最後にもう一度結論を述べる

この流れで書類のフォーマットを作成し、それぞれの見出しに対する、説明を書いていきます。その後、細かい部分を加筆修正していけば、誰でも短時間で一定レベルの企画書や提案書を作成することができるはずです。

標準化の考え方は、ここで紹介した作業以外にも、さまざまな場面で応用することができます。ぜひ、チーム全員で標準化できる作業を探し出し、属人的にならず、すべての人が同じ結果を出すことができるよう工夫していきましょう。

これを実現することができれば、仕事がどんどんラクになっていくはずです。

05

「横展」で勝ちパターンを共有し、チーム全員で成長する

第2章でも述べましたが、**仕事における勝ちパターン（成功要因）を、チーム全員で共有することは非常に大切なことです。**

これは、チーム全体で成果を出す際の必須事項だといっても過言ではありません。

トヨタの現場には、**「横展」**という考え方があります。これは、「横展開」を省略した言葉で、成功要因を分析し、組織全体で共有することで、ムダを省いていくやり方です。

トヨタの現場では、じつにさまざまな場面で勝ちパターンの横展開が行われていました。

その最たる例として挙げられるのが「アイデアツールコンテスト」でしょう。

これは、トヨタの現場のカイゼンに関するアイデアを競う全国規模の大きな大会です。広い会場に、各都道府県から選ばれたアイデアが展示されており、それを全国から集まったトヨタの現場関係者たちが、メモをしたり、写真に収めたりしながら見て回り、自分の職場に取り入れるのです。

私も2回ほど全国大会に出場しましたが、大きなホールにたくさんのアイデアが展示されているさまは壮観で、まさに「壮大な横展の現場」といった感じでした。

私自身もそこで集めたアイデアをいくつも自分の営業所に持ち帰り、みんなに報告して職場内で展開していきました。

ただし、なんでもかんでも横展すればいいというものでもありません。

ポイントは「全体に適用できる〝共通のやり方〟をどれだけ作っていけるか」です。

仕事に関する属人的要素を極限までそぎ落とし、まずは前述した標準化をチーム内でしっかりと行い、うまくいったものだけを横展することで、新たなメリットがいくつも生まれていくのです。

横展のメリットで最も大きなものは、やはり「時短」でしょう。

たとえば、自分では「10分でやるのが当たり前」だと思っている作業を、隣の部署ではじつは30分かけてやっていた。すると、その差である20分は「本来縮めることができたはずの20分」ですから、会社にとっては「損失」といえるでしょう。

横展によって、この時間の損失をいかに減らせるかが、組織の強さにも影響してくるのです。

たとえ、個々人がどれだけ成功を積み重ねたり、ムダを省いたりしたとしても、その取り組みが属人化されているのであれば、それは「部分最適」に過ぎません。その取り組みを横展してはじめて、効果が最大化されていくのです。

06

「横展」をあなたの職場に取り入れるためには？

もし、あなたの職場に横展の仕組みがない場合、まずは周囲の人のやり方を積極的に観察したり、「どのようにやっているか教えてくれ」と頼んでみることをおすすめします。思わぬ「便利ツール」を使っている人や、独自のテンプレートを駆使している人がいるかもしれないからです。

「横展の仕組み」と書きましたが、仕組みといっても、たいしたものではありません。**たとえば、定期的にみんなの前で勝ちパターンや負けパターンの事例を発表する機会を設けるだけでもいいでしょう。**数カ月間だけでも、工夫をしながら仕事をしていれば、成功事例や失敗事例がおのずと蓄積されていくものです。

定期的にさまざまな事例を全員の前で発表すれば、横展が習慣化しますし、業務のなかでなんらかの改善施策を実行する動機づけにもなります。

また、横展は新人の育成においても効果を発揮します。新人の間で覚えたばかりの仕事を横展させるのです。すると、おたがいの仕事ぶりを知ることができますから、日々どんな仕事の進め方をしていて、どんな工夫をしているのかがわかります。

さらに、「同期も努力しているのだから負けられない」という競争意識も芽生え、おたがいにいい刺激になるはずです。結果的に、新人の成長スピードが速くなり、組織全体としても教育にかかる時間の短縮を図ることができるというわけです。

企業に属していると、どうしても「部分最適」の考え方に陥りがちです。よくある「部署同士の対立」の原因は、ほとんどが「自部署最適」を考えているために起きているのではないでしょうか。

「マネジメント」の提唱者として知られる著名な経営学者、ピーター・ドラッカーも**「いかに優れた部分最適も全体最適には勝てない」**という言葉を残しています。

どれだけ部門最適に力を入れて結果を出したところで、全社最適のインパクトには及ばないのです。

組織に所属する身であれば、その組織全体が成果を挙げなければ、恩恵にあずかることはできません。極端な話、**どれだけ自部署が努力して生産性を高めようとも、会社が倒産してしまえばすべてはムダに終わってしまいますよね。**

やはり部署や個人がバラバラに活動していたのでは、成果は挙がっていかないのです。

それにもかかわらず、「各部署で最善をつくせば、会社全体がうまくいくのではないか」と考える人はたくさんいます。

もちろん、各部署、各個人が目の前の仕事に最善をつくすことは重要だと思いますが、組織全体の効率性を考えることが先にくるべきだと私は思います。

組織人であれば、「自分さえよければいい」なんてことはありえません。「他者に横展できてはじめて自分の仕事が完結する」くらいの気持ちで取り組むべきでしょう。

07

「自分の分身」をどれだけ育てられるかも評価の1つだ

日本の企業では、人材不足が慢性化しており、マネージャーであるにもかかわらずプレイヤーの仕事も担う「プレイングマネージャー」が数多く存在しています。

こういった人たちは、どうしても「自分がやったほうが速い」と考えがちで、自らプレイヤー寄りになってしまうことが多いように思います。

「自分でやったほうが速い」という思考が、いかにチームの生産性を下げているかということは、何度かお伝えしたのでご理解いただけていると思います。

このような思考の背景には、部下に仕事を任せると、「フォローに追われて余計に忙しくなってしまう」「仕事の方向性がズレてしまう」「問題を抱え込まれてしまう」ということへの不安があります。

それを解消する方法は、優秀なプレイヤーを育てること以外にありません。

トヨタの現場では「自分の分身をどれだけ育てられるかも評価の1つ」と考えられていました。ですから、たとえマネージャーがプレイヤーに徹して成果を挙げたとしても、評価されることはありませんでした。プレイヤーを育てたうえで、彼らに成果を出させてはじめて評価されるのです。

プレイヤーが育てば全体の生産性も上がっていきますから、当然といえば当然なのですが、やはり全体最適が優先されるというわけですね。

マネージャーがひとりですべての仕事を担うということは、裏を返すと「自分でできる範囲の仕事しかしていない」ともいえます。もしかすると、そんな仕事振りを見て、周囲の人たちは物足りなさを感じているのかもしれません。

では、どのように人を育て、生産性向上につなげていけばいいのでしょうか。

最初にしなければならないのは、メンバーのスキルを見極めることです。

メンバーのスキルを見極める最も確実な方法は、実際に仕事の一部をやってもらうことでしょう。私自身も後輩ができたときにはそのように教えていました。

メンバーに仕事を任せ、その様子をじっと見るのです。そうすることで、未経験の仕事でも、任せられそうかどうかを判断することができます。

もし、任せることができそうなら、少しずつ新たな作業を任せていきます。その際に大切なのは、**任せた仕事の内容や注意点をあえて口頭で説明することです。そして、作業が終わったら、説明したことを手順書として簡単にまとめてもらいましょう。**

その内容を確認することで「上司が意図している仕事の進め方を、メンバーがきちんと理解しているかどうか」を判断することができます。

これをしばらく続けていると、メンバーは上司が伝えたポイントに加え、自分なりの工夫も手順書に盛り込むようになってきます。これを繰り返すことで、ミスをすることが減り、自分で考えながら仕事を進めるクセがついていくのです。

また、仕事を任せる際には、前述した「自工程完結」の考え方が大切になってきます。仕事の内容だけでなく、「背景」、つまり「その仕事の目的」や「その仕事の重要性」、そして「その人に頼む理由」を伝えながら依頼しましょう。

これに加えて、人を育てる場合には、次の要素を伝えることも大切です。

●**裁量の範囲**↓任せる仕事に対してメンバーがどれだけの裁量を持って進めていいのかという情報です。これを伝えておかないと、メンバーが勝手に判断して仕事を進めたり、逆になんでもかんでも指示を仰いだりするようになってしまいます。

●**判断の基準**→メンバーには裁量の範囲と併せて、仕事を進めていくうえでの判断の基準も示しておきます。メンバーが迷ったときの「よりどころ」のようなものです。

そうすることで、メンバーが自律的に仕事を進めやすくなるわけです。

また、仕事の合間には、できるだけメンバーとのコミュニケーションを取るよう意識する必要があります。そうすることで、メンバーが悩みや迷いなどを上司に打ち明けやすくなり、ひとりで抱え込まなくなります。

実際、怒ると怖いトヨタの先輩も、現場にいるときはわりと柔らかい表情を保っていました。これは、メンバーから話しかけやすい雰囲気を作るという心遣いだったのではないかと思います。

あなたもぜひ、ここで紹介した方法で、ひとりでも多く責任感を持って働く「自分の分身」を作ってください。それが実現できれば、自分自身はさらに前に進むことができ、組織全体としての効率も上がっていくのです。

08

仕事の質とスピードが上がる「トヨタ流」人間関係の作り方

ベストセラー『嫌われる勇気』（岸見一郎／古賀史健著・ダイヤモンド社）などで有名な、心理学者のアルフレッド・アドラーは、こんなことをいっています。

「結局のところ、我々には対人関係以外の問題はないように見える」

仕事をしていると、さまざまな問題が発生し、そのたびに時間をとられてしまうわけですが、その問題の根源はほとんどが対人関係だというのです。もちろんこれは、仕事だけではなく、人生全般にいえることです。

トヨタの現場では、昔から「人間関係の構築」にとても力を入れていました。

アドラーが指摘するように、人間関係による課題を非常に大きなものと捉えていたのだと思います。

仕事は、「人と人」とのかかわりのなかで進んでいきますから、しっかりとした人間関係を構築できなければ、「より速く」「よりよいサービスを提供する」ということは難しくなってしまうのです。

では、トヨタでは、どのようにして人間関係を構築していたのでしょうか。

トヨタには、昔から**「人間関係は口より耳で作れ」**という言葉がありました。口より耳を使う、つまり「話をよく聞け」ということですね。人の話を真摯に聞くことを「傾聴する」といいますが、まさにそのとおり。トヨタでは、相手の言葉に身体を傾けて聞くことが重要視されているのです

「人に話をすること」と「人の話を聞くこと」。どちらが難しいかといえば「聞くこと」だと思います。

人に話をするという行為は、自分の頭のなかにあるものを言葉に変換して外に出せばいいだけです。しかし、聞くという行為では、自分にとってはじめて耳にする情報

を受け取ることも多いわけです。ですから、頭のなかでは準備ができていないことが多いといえます。

さらに、誰しも「思い込み」や「偏見」といったものを持っているため、より素直に聞くことを難しくしているのです。自分の価値観と相手の価値観が違うことがほとんどだからです。

トヨタの現場では、リーダーとメンバーによる1対1のミーティングが頻繁に行われていました。1回の所要時間は10～20分と短いのですが、最低でも月に数回、多い場合は月に数十回にも上りました。

そのミーティングでは、おもに業務計画に対する現時点での進捗や見込みはどうか、何か悩んでいることはないか、といったことを聞かれました。まさに部下の話を上司が「傾聴」してくれるわけです。そのなかで、たとえば「仕事が遅れている」とわかった場合には、一緒になって対策を練ってくれます。

また、業務の優先順位を整理し直して、緊急性が低いものを後回しにするなど、業務改善のアイデアを出し合うということもありました。

このように比較的短い時間でも、高い頻度でミーティングを重ねれば、問題をいち早く発見し、対策を立てることができるようになります。その積み重ねが結果的に時短につながるのです。

アメリカの著名な作家であるデール・カーネギーは、**「相手の話を80％聞くことができれば成功する」**といっています。

とくに、ベテランの管理職は「聞くこと」が苦手な人が多いものです。自身の経験の積み重ねがあるため、つい「あれをやれ」「これをやれ」と、自分の考えを伝えたくなってしまうからです。しかし、ここで紹介したトヨタのミーティングのように、部下の話を高い頻度で傾聴すると、現場がスムーズにまわっていくのです。

また、トヨタには**「タテ・ヨコ・ナナメの人間関係を築け」という言葉があり、「人間関係の新陳代謝を図ること」が重要視されています。**

これは、常に同じ人とばかりコミュニケーションをとるのではなく、社内の上司や先輩など、いわゆる「タテ」の関係はもちろん、同期や同僚、違う業界の同年代といった「横」のつながり、さらに業界や年齢、性別などバックグラウンドがまるで違う人とも関係を深め、「ナナメ」の人間関係も作っていきなさい、ということです。
これは、第2章でお伝えした「ベンチマーキング」に近い考え方ですが、自分の知らない業界や知らない世代の人とコミュニケーションを図ることで、自身の視野を広げる効果があります。

たとえば、仕事のやり方に関して、思いもよらない視点からのヒントが得られることもあるでしょうし、価値観の違いに衝撃を受けるかもしれません。

自分の知らない世界を見ている人たちと接することは、正直いって腰が引けるものです。しかし、それを乗り越えて新たな人間関係を構築することで、自分自身の人間的な幅も広がり、仕事の質やスピードの向上にも活きてくるものなのです。

ぜひ「タテ・ヨコ・ナナメの人間関係」を意識しながら、一歩踏み出してみましょう。

トヨタグループの創業者である豊田《とよた》佐吉《さきち》は、事業を拡大していく過程でこんな言葉を残しています。

「障子を開けてみよ、外は広いぞ」

おわりに

～あの世に持っていけるものは、愛情にあふれた思い出だけだ～

本書では、私がトヨタで学んだ「時短」に関するさまざまな事例や考え方をご紹介してきましたが、いかがでしたでしょうか。

本書で紹介したさまざまなトヨタの考え方を私に叩き込んでくださった方は何人かいますが、そのうちの1人であるトヨタのある先輩は、24歳のときに病気で亡くなってしまいました。その方には婚約者がいて、これから結婚して子供を作り幸せな家庭を築いていくはずでした。

その先輩との悲しい別れがきっかけで、私は「時間」や「命」について散々考えさせられることになり、その結果、私のなかに**「時間はお金よりも大事だ」**という価値観が醸成されていきました。

お金は多少ムダになってもかまわないけれど、時間や命をムダに削ることは絶対にやめなければいけない。とくに、「くだらないことでいつまでもグダグダ悩むのはやめよう」そんなふうに考えるようになったのです。

生きていくうえで誰もが足りないと感じるものは「時間」であり、グダグダと悩むことは、その貴重な時間を最もムダにする行為なのではないか、と思ったのです。

Ａｐｐｌｅのスティーブ・ジョブズは、トヨタの影響を受けた1人でもあります。そのスティーブ・ジョブズが、晩年に病床でこんなことを語っていたそうです。

「私が勝ち得た富は、私が死ぬときに一緒に持っていけるものではない。私があの世に持っていけるものは、愛情にあふれた思い出だけだ。これこそが本当の豊かさであり、あなたに力を与えてくれるもの、あなたの道を照らしてくれるものだ」

家族を抱えながら日々忙しく過ごしている人が、パートナーなどからよくいわれてしまうのが、「家庭と仕事どっちが大事なの?」という言葉です。

すべてを投げ打ってでもやらなければいけない仕事はそんなに多くないはずです。

「家庭よりも仕事が大事」なんてことが本当にあるのでしょうか。

仕事はいくらでも替えられますが、家族を替えることはできません。仮にあなたが会社を辞めたとしても、会社はすぐに代わりの人を探すでしょう。

しかし、生まれてきた小さな子供にとって、父親と母親はひとりずつしかいません。どこを探しても代わりは見つからないのです。

そう考えると、人生において何を優先すべきか、おのずとわかってくると思います。

以前、ＩＴ企業で机を並べていた上司に家族から電話があった際、「仕事中に電話してくるな」といって切っていました。私はそれに強い違和感を抱きました。トヨタの現場では家族で参加するイベントも多く、職場に家族が遊びにくることも喜ばれていたからです。その根底には、「家族のサポートがなければ仕事に集中できないし、成果を出すこともできない」という考え方があったように思います。

本書を読んでいただいたあなたにも、ぜひ時間や命にフォーカスし、ムダな時間を排除しながら、愛情にあふれた思い出を増やしていただけたら幸いです。

そして、この本を「今」という時間を生きられなったトヨタの先輩に捧げつつ、筆を置きたいと思います。ありがとうございました。

著　者

参考文献

- 『ドラッカー名著集1　経営者の条件』P・F・ドラッカー著　上田惇生訳　ダイヤモンド社
- 『人を動かす』デール・カーネギー著　山口博訳　創元社
- 『どんな仕事でも必ず成果が出せる　トヨタの自分で考える力』原マサヒコ著　ダイヤモンド社
- 『トヨタの片づけ』（株）OJTソリューションズ著　KADOKAWA
- 『ザ・ゴール ― 企業の究極の目的とは何か』エリヤフ・ゴールドラット著　三本木亮訳　ダイヤモンド社
- 『現場からオフィスまで、全社で展開する　トヨタの自工程完結』佐々木眞一著　ダイヤモンド社
- 『新人OLひなたと学ぶ　どんな会社でも評価される　トヨタのPDCA』原マサヒコ著　あさ出版
- 『トヨタ生産方式 ―― 脱規模の経営をめざして』大野耐一著　ダイヤモンド社
- 『朝イチでメールは読むな！　仕事ができる人に変わる41の習慣』酒巻久著　朝日新聞出版
- 『嫌われる勇気 ―― 自己啓発の源流「アドラー」の教え』岸見一郎／古賀史健著　ダイヤモンド社
- 『自分の時間』アーノルド・ベネット著　渡部昇一訳　三笠書房
- 『99%の会社はいらない』堀江貴文著　ベストセラーズ
- 『レバレッジ時間術 ―― ノーリスク・ハイリターンの成功原則』本田直之著　幻冬舎
- 『もう必要以上に仕事しない！　時短シンプル仕事術』鈴木真理子著　明日香出版社
- 『いつも時間に追われている人のための「超」時間術』午堂登紀雄著　総合法令出版
- 『結果を出して定時に帰る時短仕事術』永田豊志著　SBクリエイティブ
- 「日経ビジネスアソシエ　2016年1月号」日経BP社
- 「PRESIDENT NEXT Vol．9」プレジデント社

【著者紹介】

原 マサヒコ（はら・まさひこ）

◉——株式会社プラスドライブ代表取締役CEO。1996年、神奈川トヨタ自動車株式会社にメカニックとして入社。5000台もの自動車修理に携わりながら、トヨタの現場独自のカイゼン手法やPDCAサイクルを叩き込まれる。これらを常に意識して研鑽を積み、技術力を競う「技能オリンピック」で最年少優勝に輝く。さらにカイゼンのアイデアを競う「アイデアツールコンテスト」でも2年連続全国大会出場を果たすなどトヨタの現場で活躍。

◉——その後、IT企業を経て、WEBマーケティングのサービスを提供する、株式会社プラスドライブを立ち上げる。現在も代表取締役CEOとして、クライアント先のWEBサイト改善やマーケティング施策の推進業務に従事している。

◉——そのかたわら、トヨタ式の考え方やカイゼンの手法、PDCAなど、トヨタで学んだビジネススキルを社会に還元するために、日々講演活動を行っている。製造現場のノウハウをどんな企業でも使えるノウハウに落とし込むことを得意とし、さまざまな業種の企業から信頼を得ている。なかでも、本書の元となったトヨタのカイゼンに関する講演は、残業が減らないことに悩む多くのビジネスパーソンから、「ムダな仕事が減り、仕事が速くなった」「早く帰れるようになり、人生が充実した」と絶大な支持を得ている。

◉——著書に『人生で大切なことはすべてプラスドライバーが教えてくれた』（経済界）、『新人OLひなたと学ぶ どんな会社でも評価される トヨタのPDCA』『まんがで身につくPDCA』（ともに、あさ出版）、『どんな仕事でも必ず成果が出せる トヨタの自分で考える力』（ダイヤモンド社）など多数。

トヨタで学《まな》んだ自分《じぶん》を変《か》えるすごい時短術《じたんじゅつ》　〈検印廃止〉

2016年9月1日　第1刷発行

著　者——原　マサヒコ

発行者——齊藤　龍男

発行所——株式会社かんき出版

東京都千代田区麴町4-1-4 西脇ビル　〒102-0083

電話　営業部：03(3262)8011㈹　編集部：03(3262)8012㈹

FAX　03(3234)4421　振替　00100-2-62304

http://www.kanki-pub.co.jp/

印刷所——大日本印刷株式会社

　ISBN978-4-7612-7202-9 C0030